ALTDEUTSCHE TEXTBIBLIOTHEK

Begründet von Hermann Paul
Fortgeführt von G. Baesecke
Herausgegeben von Hugo Kuhn
Nr. 21

I0632150

Pantaleon

von

Konrad von Würzburg

Zweite Auflage,
herausgegeben von
Winfried Woesler

MAX NIEMEYER VERLAG TÜBINGEN

1974

1. Auflage 1927,
herausgegeben von Paul Gereke

Kart. Ausgabe: ISBN 3-484-20082-0
Geb. Ausgabe: ISBN 3-484-20081-2

© Max Niemeyer Verlag Tübingen 1974
Alle Rechte vorbehalten. Ohne ausdrückliche Genehmigung
des Verlages ist es auch nicht gestattet, dieses Buch oder
Teile daraus auf photomechanischem Wege zu vervielfältigen.
Printed in Germany. Satz: Rothfuchs Dettenhausen

EINLEITUNG

Überlieferung

Überliefert ist Konrads *Pantaleon* im codex Vindobonensis
2884= *V*. Eine genaue Beschreibung der Handschrift gibt
H. Menhardt im „Verzeichnis der altdeutschen literarischen
Handschriften der österreichischen Nationalbibliothek",
Berlin 1960, Bd. I, S. 517–526. *V* enthält:
  I Rudolf von Ems, *Barlaam und Jusaphat* (fol. 1ra–
    fol. 111va),
 II Stricker, 39 Erzählungen (fol. 111vb–147vb),
III Konrad von Würzburg, *Pantaleon* (fol. 148ra–162vb).
Am Schluß sind 6 Blätter herausgeschnitten. Dadurch gin-
gen neben dem *Explicit* möglicherweise auch einige Verse
des *Pantaleon* verloren. Es handelt sich um eine sorgfältige
Papierhandschrift des 14. Jh.s (1380–90). Verschiedene Pa-
piersorten wurden verwandt, ab Blatt 146 das bei Briquet
unter Nr. 3360 (1376–90) verzeichnete Papier. Die Mund-
art der Handschrift ist niederalemannisch.

Editionen und Textkritik

Die vorliegende Edition des *Pantaleon* ist die dritte. Die
editio princeps besorgte M. Haupt in ZfdA 6, 1848, 193–
253. Er hatte die Handschrift jedoch nicht selbst eingese-
hen, sondern benutzte eine offensichtlich nicht ganz zuver-

V

lässige Abschrift seines Freundes Th. G.v. Karajan. Auch heute noch erstaunlich ist die nicht selten meisterhafte Konjekturalkritik Haupts. Einige Corrigenda K. Lachmanns, im selben Band der Zeitschrift nachgetragen, sind von der späteren Forschung wohl übersehen worden.

1927 wurde die Legende von P. Gereke in der Altdeutschen Textbibliothek neu herausgegeben. Auch Gereke hatte die Handschrift selbst nicht eingesehen, sondern stützte sich auf die Edition von Haupt und auf Ergänzungen, die H. Laudan in ZfdA 48, 1906, 534 f. gegeben hatte. Diese Ergänzungen sind aber, was Gereke nicht wissen konnte, keineswegs lückenlos und z.T. auch fehlerhaft.

Bei der Textgestaltung hat Gereke Überlegungen von Laudan, besonders ZfdA 48, 1906, 533—548, und ergänzende Hinweise E. Schröders, ebd. S. 548, mitberücksichtigt. Gereke selbst hat sich PBB 38, 1913, 525—529 zu einigen Textstellen geäußert und in mehreren Fällen überzeugende Besserungsvorschläge gemacht.

Schröder meldete sich dann in seiner Rezension der Ausgabe Gerekes, AfdA 64, 1927, 118, noch einmal kritisch zu Wort.

Die Editionen von Haupt und Gereke sind verdienstvoll. Einzelne Schwächen erklären sich aus Flüchtigkeit, mangelnder Kenntnis der Überlieferung und zu großer Konjekturalfreudigkeit.

Die vorliegende Ausgabe hat die bisherigen Leistungen dankbar aufgenommen. Der Text ist jedoch überprüft und der Apparat aufgrund einer neuen Kollation eingerichtet worden. Bei der Textgestaltung wurden mit aller Vorsicht auch volkssprachliche Urkunden der Stadt *Basel* von 1270—90 vergleichend herangezogen.

Grundsätzlich ist jede Wortform der Handschrift, die vom normalisierten Mittelhochdeutschen abweicht und die gleichzeitig in den Urkunden zu finden ist, sorgfältig auf ihre Verwendbarkeit im Text geprüft worden. Dabei wurde

VI

von der Überlegung ausgegangen, daß sich das von einem Basler Schreiber für einen Basler Auftraggeber angefertigte Originalmanuskript, das eine gewisse Autorisation durch den Dichter in Anspruch nehmen kann, in der Regel nicht wesentlich von den heute noch erhaltenen Originalurkunden unterschieden haben dürfte. Außerdem kann kaum eine Baslerische Form Konrad mit Sicherheit abgesprochen werden. Konsequenzen sind aus dieser Beobachtung in der vorliegenden Ausgabe allerdings erst äußerst zurückhaltend gezogen worden. Aus der Handschrift wurden nicht nur wie bisher Formen wie *dîme, zeimâl* usw. übernommen, sondern auch *an, abe, tach, uppe(i)clich, welt, zuo dem* und einige wenige mehr.

Da aber auch mit einer gewissen Spannung zwischen Urkunden- und Literatursprache gerechnet werden muß, sind in einzelnen Fällen gleichlautende Formen des Überlieferungsträgers und der Urkunden vorsichtshalber in den Apparat verwiesen worden: *har, ime, -ent* im Präteritum usw. Einen ungefähren Eindruck vom tatsächlichen Aussehen des Originalmanuskripts könnten wohl am ehesten die von P. Ochsenbein 1970 veröffentlichten Fragmente einer Handschrift des *Trojanerkrieges* aus dem letzten Drittel des 13. Jh.s vermitteln, die heute in der Universitätsbibliothek Basel aufbewahrt werden (s. Literaturverzeichnis).

Weitere Begründungen zur vorliegenden Textgestalt, insbesondere bei verdorbener Überlieferung, wurden vom Herausgeber in dem Aufsatz „Textkritisches zu Konrads ‚Pantaleon' " (ZfdA 101, 1972, 213–224) gegeben.

An der üblichen Normalisierung der Orthographie wurde auch angesichts der schwankenden Schreibweise der Urkunden festgehalten. Auf der orthographischen Ebene entsprechen z.B. folgende Zeichen des normalisierten Textes folgenden Graphemen der Handschrift:

æ = e; ü = v, u, v̇, u̇; üe = ů; kr = kr, cr; ph = pf, ph; s = s, ſ, z; v = f, v; -z-, -zz- = -jz-, -zſ-, -z-, -zz-; -z = -s, -z.

Der Name *Pantaleon* wird in *V* wie in einigen zeitgenössi-schen Legenden mit *th* geschrieben, doch könnte auch die in der vorliegenden Ausgabe verwandte traditionelle und im 13. Jh. ebenfalls verbreitete richtige Schreibung *Pantaleon* im Originalmanuskript gestanden haben.

Apparatgestaltung

Die Lesarten des einzigen Überlieferungsträgers sind in et-was größerem Umfang als in den vorausgehenden Ausgaben verzeichnet worden. Trotzdem bleiben auch jetzt noch manche Eigentümlichkeiten des ersten oder späterer Schrei-ber und zahlreiche offensichtliche Versehen geringfügiger Art unerwähnt.

Zu diesen Eigentümlichkeiten, die nicht nur die graphi-sche, sondern vermutlich auch die phonetische Ebene be-treffen, gehören z.B. die regelmäßige Schreibung *ő* für *öu*, die häufige Schreibung *antwúrte, gebúrte, úns, urkúnde* und die seltene Schreibung *dőrt/hőrt*. Ferner ist *t* nach kurzem Vokal regelmäßig gedoppelt: *gottes, stette, vatter*.

Zu den im Apparat nicht aufgeführten geringfügigen Verse-hen gehören Fälle wie v.2 *und*] *unde*; v.9 *libes*] *liebez*; v.80 *er stalte*] *erstalte* usw.

Die verwendete positive Apparatmethode erlaubte in je-dem Fall anzugeben, wem eine Korrektur zu verdanken ist. So wird auf die früheren Editionen durch die Hinzufügung der drei Anfangsbuchstaben der Herausgeber *(Hau, Ger)*, auf die heute noch relevante wissenschaftliche Diskussion einzelner Stellen durch Angaben des Autors sowie der Jah-res- und Seitenzahl seiner Publikation (s. Literaturverzeich-nis) hingewiesen.

VIII

Den *Pantaleon* dichtete Konrad von Würzburg nach der Angabe des Epilogs im Auftrag des Johan(ne)s von Arguel in Basel. Schröder konnte ihn insgesamt achtzehnmal nachweisen: Im Urkundenbuch der Stadt Basel (=BUB), in H. Boos, Urkundenbuch der Landschaft Basel (=ULB), in J. Trouillat, Monuments de l'histoire de l'ancien évêché de Bâle (=Tr), und bei Mathias von Neuenburg. Auf eine von Schröder übersehene Nennung in Tr machte I. Leipold (s. Literaturverzeichnis) aufmerksam.

Der Stammsitz des Rittergeschlechtes von Arguel war die gleichnamige Burg im Tal von St. Imier im Jura. Ein Zweig dieser Familie, der des Auftraggebers, hatte sich in Basel als Bürger niedergelassen. Hier erwarb sich das Geschlecht bald Ansehen. In den überlieferten Dokumenten erscheint Johannes von Arguel als wohlhabender und einflußreicher Mann.

Der älteste Hinweis findet sich am 24.4.1277, wo Johannes von Arguel als Zeuge erwähnt wird (BUB II, S. 130). Als Zeuge tritt er außerdem noch neunmal in Erscheinung: am 24.7.1292 (BUB III, S. 43), 17.1.1293 (BUB III, S. 53), 1.10.1297 (BUB III, S. 206), 23.11.1297 (BUB III, S. 209), 17.8.1298 (BUB III, S. 225), 4.5.1299 (BUB III, S. 253; ULB, S. 148), 28.1.1302 (Tr III, S. 28), 17.12.1305 (Tr III, S. 94; ULB, S. 166), 13.10.1309 (BUB IV, S. 11).

Einige Dokumente bezeugen sein keineswegs geringes Vermögen. So leiht er im März 1281 dem Kloster Lützel Güter zu Attenschweiler (BUB II, S. 200) und am 3.4.1291 dem Kloster Wettingen Güter in Klein-Basel (BUB III, S. 6). Auf den ersten Vorgang wird am 1.7.1291 noch einmal Bezug genommen (BUB III, S. 14).

Mehrfach berichten die Quellen über seine öffentlichen Funktionen. Am 19.9.1288 wird er als einer der Prokuratoren des Spitals erwähnt (BUB II, S. 353). Am 1.10.1297 erscheint er als Ratsmitglied (BUB III, S. 206), ebenso im Jahre 1309 (BUB IV, S. 11).

Zweimal ist die Übernahme eines schiedsrichterlichen Amtes belegt: einmal in einer Vermögensangelegenheit am 4.12.1294 (Tr II, S. 577) und zum andern anläßlich der Beilegung eines Streites zwischen Basel und Luzern am 17.8.1298 (BUB III, S. 225).

Am 27.7.1311 schließlich wendet sich Papst Clemens V. in einer Pfründenangelegenheit zwischen einem Basler Domherrn und dem Probst von Solothurn an Johannes von Arguel und zwei andere Basler Bürger (BUB IV, S. 12 ff.).

Zwei weitere Dokumente (BUB IV, S. 246 ff. und Tr II, S. 425) belegen die politische Bedeutung des Johannes von Arguel *cui plebs adhaesit* (Tr II, S. 425). Er scheint die Interessen der Bürger und der unteren Stände nicht selten energisch vertreten zu haben. So geriet er auch mit dem Schultheißen und Bürgermeister Peter von Schaler, der als Auftraggeber von Konrads *Partonopier und Meliur* bekannt ist, sowie mit dem Bischof Peter Reich (1286−1296) in Konflikt.

Interessant ist die Frage, der insbesondere I. Leipold nachgegangen ist, inwieweit lokalpolitische Gründe Johannes von Arguel veranlaßt haben könnten, als Mäzen aufzutreten, und ob er sich von der volkssprachlichen Bearbeitung gerade der Legende des hl. Pantaleon eine gewisse Popularität versprochen hat.

Entstehungszeit

Die Arbeit hat der junge Johannes von Arguel wahrscheinlich schon zu einem Zeitpunkt in Auftrag gegeben, der noch vor der ersten uns heute bekannten urkundlichen Erwähnung liegt.

X

Schröder, der sich eingehend mit der Frage nach der Entstehungszeit von Konrads Werken befaßt hatte, wollte den *Pantaleon*, allerdings nur „vorläufig", um 1275 ansetzen. Er führte im wesentlichen zwei Gründe an: Erstens weist die attributive Bezeichnung des Auftraggebers in v. 2141 als *der Winharten tohter kint* darauf hin, daß dieser zur Zeit der Abfassung der Legende noch ein junger Mann war. Zweitens ist der *Pantaleon*, wie stilistische und metrische Beobachtungen zeigen, Konrads späteste Verslegende. Der *Silvester* muß vor den Herbst 1274 und der *Alexius* vor den Sommer 1275 fallen. Damit steht ein freilich nur relativer *terminus post quem* fest.

Schröders Schüler H. Laudan bemühte sich, durch eine statistische Auswertung sprachlichen und stilistischen Materials diese Thesen zu festigen. Bedenklicherweise wirkten Laudans Beobachtungen wieder auf die Textgestaltung zurück; Gereke glaubte z.B. die Zahl der überlieferten auftaktlosen Verse und der Verse mit Hebungsprall verringern zu müssen.

Während Schröder ein Zurückgehen „bis allenfalls 1270" nicht ausschloß und die Entstehungszeit, wie gesagt, nur vorläufig um 1275 ansetzte, hat Gereke diese später auf das Jahr 1276/1277 vage fixiert, ohne allerdings entscheidende neue Argumente anzuführen.

Den jüngsten Versuch, die Chronologie der Werke Konrads besser zu bestimmen, unternahm H. de Boor (PBB 89, 1967, 210–269). Er wandte sich gegen Laudans Versuch, ohne Rücksicht auf die Gattung einzelnen Stilmitteln, etwa dem Fremdwortgebrauch, bei der Einordnung eines Werkes großes Gewicht beizumessen. Beim *Pantaleon* führten de Boors Überlegungen allerdings nicht viel weiter, er hält ihn ebenfalls für die letzte Legende und möchte ihn in die Nähe der *Goldenen Schmiede* und des *Partonopier* stellen.

Als weitere These ist noch die gelegentlich auftauchende Vermutung zu erwähnen, die Pantaleonslegende könnte mit der Translatio von Reliquien des hl. Pantalus, des ersten Bischofs von Basel, von Köln nach Basel 1270 zusammenhängen, doch vgl. dazu S. XIV–XV.

Kult

Das Fest des hl. Pantaleon, der als Hauptpatron der Ärzte und seit dem 15. Jh. als einer der vierzehn Nothelfer gilt, wird am 27. Juli gefeiert.

Über seine Person unterrichtet uns die Legende. Als historisch gesichert gilt, daß Pantaleon aus Bithynien stammte, kaiserlicher Leibarzt war und als Christ um 305 in Nicomedia, heute Ismit, in der nordwestlichen Türkei hingerichtet wurde.

Der in der Überlieferung Maximian genannte Kaiser, dem Pantaleon diente, ist nicht der gleichnamige Mitaugustus des Diokletian, sondern Galerius, der 305 mit Constantius zum Augustus erhoben wurde und sich seit dieser Zeit Gaius G a l e r i u s Valerius Maximianus nannte.

Die lateinische Legende spielt also zur Zeit der im Jahre 303 im Römischen Reich unter Diocletian begonnenen und auch später noch unter Galerius fortgesetzten Christenverfolgungen. Von Galerius wurden seit 303 in der kaiserlichen Residenzstadt Nicomedia entsprechende Edikte erlassen.

Schon im 5. Jh. weihte die griechische Kirche dem heiligen Erzmärtyrer Pantele(i)mon Altäre und Kultstätten. Die Verehrung breitete sich nach Westen aus, und seit 708 ist sein Kult auch in Rom nachzuweisen. Da er ins römische Martyrologium aufgenommen wurde und ihm in Rom Kirchen geweiht wurden, ist seine Verehrung im hohen Mittelalter fast überall anzutreffen. Bis heute haben sich mittelalterliche Patrozinien und eine kaum abzusehende Anzahl lateinischer Legendenhandschriften erhalten.

Deutsches Zentrum und für das Rheingebiet vermutlich wichtigster Ausgangspunkt der Pantaleonsverehrung war Köln. Die ersten Reliquien dürften über den gallo-fränkischen Raum hierhin gelangt sein. Die früheste Erwähnung einer Pantaleonskirche in Köln stammt aus dem Jahre 866. Besondere Bedeutung erhielt diese Kirche unter dem Kölner Erzbischof Bruno (955–965), dem Bruder Ottos I. Bruno hatte schließlich testamentarisch den Neubau verfügt, der dann durch Theophanu, die Gattin Ottos II., die den griechischen Erzmärtyrer wohl besonders schätzte, in großzügiger Weise vollendet wurde.

Daß Pantaleon schon im Mittelalter als Patron der Ärzte galt, wird durch ein vom Ende des 14. Jh.s stammendes Siegel der Kölner Medizinischen Fakultät mit dem Bild des Heiligen belegt.

Über die wohl nur langsam einsetzende Verehrung in der Nordschweiz geben E.A. Stückelbergs zweibändige „Geschichte der Reliquien in der Schweiz" (Zürich 1902) und die verschiedenen Bände der monumentalen Reihe der „Kunstdenkmäler" der Schweizer Kantone Auskunft. Den Spuren der Pantaleonsverehrung in Basel und Umgebung sowie der weiter unten behandelten Pantalusverehrung ist besonders I. Leipold nachgegangen. Auch wenn diese Spuren zur Zeit Konrads nur schwach sind, ist trotzdem kein Zweifel an der Kenntnis der Pantaleonslegende und der kultischen Feier – in Basel wohl am 28. Juli – möglich.

Erwähnenswert sind der Name des südlich von Basel gelegenen Ortes St. Pantaleon, wo 1285 eine entsprechende Kirche bezeugt ist, ein Gemälde des Heiligen im Kloster Klingenthal zu Kleinbasel, die Stiftung einer Pfründe zu Ehren des hl. Pantaleon im Münster vom 4.9.1347 und das Auftreten einer Laienbruderschaft St. Pantaleon, die in Kleinbasel zu St. Theodor einen Altar besaß.

Erst im 15. Jh. werden die Belege häufiger; besonders im Zusammenhang mit der Pestepidemie in der Mitte des Jahrhunderts ist ein Anwachsen der Verehrung des Heiligen festzustellen.

Trotz aller Bemühungen muß resignierend zugegeben werden, daß heute eine unmittelbare Beziehung zwischen der lokalen Verehrung des Heiligen und Konrads Auftrag, die Legende in die Volkssprache zu übertragen, nicht nachweisbar ist. Auch die Tätigkeit des Johannes von Arguel als Prokurator des Basler Spitals ist zu spät bezeugt, als daß daraus eine besondere Affinität des Auftraggebers zu Pantaleon, dem Patron des Gesundheitswesens, mit Wahrscheinlichkeit abgeleitet werden könnte.

Pantalus

K. Gauss (s. Literaturverzeichnis) hat zuerst die Vermutung geäußert, daß sich in Basel die Legende des hl. Pantaleon mit der des hl. Pantalus, des ersten, historisch allerdings kaum nachweisbaren, Bischofs der Stadt, verwoben habe.

Nach der Legende begleitete der hl. Pantalus jenen sagenhaften, von der hl. Ursula geführten Zug der 11000 Jungfrauen und erlitt mit ihnen zusammen bei Köln den Märtyrertod. Sein Fest wurde in Basel am 12. Oktober gefeiert. 1270 waren Reliquien dieses Heiligen von Köln an seinen alten Bischofssitz übertragen worden. Nach der Translatio blühte in und um Basel der bereits vorher nachweisbare Kult des hl. Pantalus auf. Für die Reliquien stellte man ein vergoldetes Reliquiar in Form einer Bischofsbüste her, welches heute im Historischen Museum der Barfüßerkirche aufbewahrt wird.

Die Namensähnlichkeit der beiden Märtyrer und die Herkunft der Kulte aus Köln könnten vielleicht zur Kontamination der Legenden oder zu gelegentlichen Verwechslungen in der Volksfrömmigkeit geführt haben. Kaum glaubhaft ist jedoch, daß Konrad von Würzburg diesem Irrtum erlegen wäre. Allenfalls stellt sich die Frage, ob nicht Johannes von Arguel statt des „Pantaleon" eigentlich „Pantalus", den ersten Bischof von Basel, meinte, als er die Legende in Auftrag gab. Wäre dies der Fall, so käme der Dichtung in der damaligen Zeit eine besondere politische Bedeutung zu, vergleichbar etwa dem Auftrag an Heinrich von Veldeke, zum Lobe Maastrichts und seines Gönners eine volkssprachliche Servatiuslegende zu verfassen.

Quelle

Bisher sind zwei im wesentlichen kaum unterschiedliche Fassungen der Pantaleonslegende gedruckt worden: erstens im Sanctuarium des Mailänder Druckers Boninus Mombritius (1479), Bd. II, S. 191–194; und zweitens in den *Acta Sanctorum Jul. VI*, S. 412–420. Die hier wiedergegebenen Fassungen stimmen zwar weitgehend mit Konrads Dichtung überein, als unmittelbare Vorlagen kommen sie jedoch nicht in Frage.

Über die Suche nach einer näheren lateinischen Quelle Konrads hat G.O. Janson in „Studien über die Legendendichtungen Konrads von Würzburg" (Marburg 1902) berichtet.

In den beiden nahe verwandten Münchener Handschriften *T*=Clm 9516 (Ober Altaich 16), saec. XI, und *A*=Clm 18546 (Tegernsee 546), saec. XI, glaubt er eine Fassung der Legende gefunden zu haben, die der Vorlage Konrads sehr nahe ·gestanden habe; zumindest besteht zu diesen Handschriften eine engere Verwandtschaft als zu den gedruckten Fassungen. Janson nimmt an, daß *T* und *A* über vermutlich zwei Zwischenstufen von jenem Archetypus stammen, von dem auch die Vorlage Konrads abgeschrieben sei.

G. Eis (s. Literaturverzeichnis) regte 1935 an, in diesem Zusammenhang einmal zu untersuchen, ob Konrad nicht eher von den bis heute ungedruckten Sammlungen des *Magnum Legendarium Austriacum* oder des Windberger Legendars (Staatsbibliothek München Clm 22242, saec. XII = *W*) abhängig sei. Die Nachprüfung brachte zwar kein wesentlich neues Ergebnis, doch konnte wenigstens festgestellt werden, daß *W* so eng mit den von Janson herausgestellten Handschriften verwandt ist, daß *W* in Zukunft zwar nicht aufgrund seiner Qualität, aber aufgrund dieser Stellung in der Überlieferung als gleichwertig angesehen werden muß.

Bearbeitung

Konrads deutsche Versbearbeitung hat sich, was den Aufbau betrifft, an die lateinische Vorlage gehalten. Das Werk gliedert sich, wie folgt: I v. 1—66 Prolog, II v. 67—739 Vita, III v. 740—1188 Prozess. Erster Teil, IV v. 1189—1648 Vergebliche Hinrichtungsversuche (certamina et victoriae), V v. 1649—1964 Prozess. Zweiter Teil, VI v. 1965—2131 Martyrium, VII v. 2132—2158 Epilog. Der Einfluß der Quelle läßt sich darüber hinaus in den Episoden und meist sogar im Wortlaut nachweisen.

Dem widerspricht nicht, daß Janson aufgrund seiner Quellenbestimmung zu der Auffassung gelangt, der Dichter habe sich beim *Pantaleon* im Vergleich zu seinen anderen Legendenerzählungen eine etwas größere Freiheit bei der Bearbeitung genommen.

Insbesondere habe er die Handlung überall straffer zusammengefaßt und z.B. von den zahlreichen eingestreuten Episoden und Dialogen der Quelle nur die benutzt, die den Fortgang der Erzählung nicht störend unterbrechen. Aus diesem Grunde habe er auch den Kaiser zum bösen Tyrannen der Märtyrerlegende gestempelt, obwohl z.B. in Konrads Vorlage sicher die erklärte Absicht des Kaisers, Pantaleon zu seinem Leibarzt ausbilden zu lassen, gestanden habe. Auch in einigen weiteren Punkten seien bewußte Änderungen zu beobachten: Verlegung des Schauplatzes von Nicomedia nach Rom und der eigene Schluß mit der Taufe der Henkersknechte.

Solche Überlegungen Jansons klingen wahrscheinlich, denn sie entsprechen anderen Beobachtungen, nach denen der *Pantaleon* die künstlerisch ausgereifteste Legendenerzählung Konrads ist.

Es ist hier nicht der Ort, ausführlich über die Frage zu handeln, ob die Gattung „Legende" bei Konrad noch den ursprünglichen religiösen Charakter der lateinischen Vorlagen voll gewahrt hat, ob sie also eine Form des preisenden Gebetes ist, welches Gott dankt, daß er sich in seinen Heiligen so wunderbar geoffenbart hat. Doch sollte man nicht ohne weiteres die verbreitete Meinung übernehmen, die Legende sei bei Konrad nur einer der möglichen Stoffe nachhöfischer Dichtung und habe zunächst den Ansprüchen gehobener Unterhaltungsliteratur gedient. Denn zumindest fällt die Arbeit Konrads an der volkssprachlichen Fassung der Legenden in eine Zeit verstärkter Religiosität. Auch suchte die Kirche besonders damals angesichts der wachsenden Auseinandersetzung zwischen weltlicher und geistlicher Macht die Laien für sich zu gewinnen.

EDITIONEN UND LITERATUR

Editionen

M. Haupt, Pantaleon von Konrad von Würzburg, ZfdA 6, 1848, 193–253.
(Abkürzung: *Hau*).

P. Gereke, Konrad von Würzburg. Die Legenden III. Altdeutsche Textbibliothek Bd. 21, Halle 1927.
(Abkürzung: *Ger*).

Literatur

I. Basel

B. Boesch, Untersuchungen zur alemannischen Urkundensprache des 13. Jahrhunderts. Laut- und Formenlehre, Bern 1946.

H. Boos, Urkundenbuch der Landschaft Basel, 1. Teil. 708–1370, Basel 1881.

K. Gauss, Die Heiligen der Gotteshäuser von Baselland, Basler Zeitschrift für Geschichte und Altertumskunde, hrsg. von der historischen und antiquarischen Gesellschaft zu Basel, 1 und 2, Basel 1902 und 1903.

A. Hofmeister, Die Chronik des Mathias von Neuenburg, I. Fassung B und VC. II. Fassung WAU, Berlin [2]1955 (= Monumenta Germaniae Historica, Scriptores rerum germanicarum, Tomus IV).

E.E. Müller, Die Basler Mundart im ausgehenden Mittelalter, Bern 1953.

E.A. Stückelberg, Geschichte der Reliquien in der Schweiz, 2 Bde, Zürich 1902.

XVIII

J. Trouillat, Monuments de l'histoire de l'ancien évêché de Bâle, 5 Bde, Porrentruy 1852–1867.

R. Wackernagel (und R. Thommen), Urkundenbuch der Stadt Basel, hrsg. von der historischen und antiquarischen Gesellschaft zu Basel, 4 Bde, Basel 1890–1899.

II. Konrad von Würzburg: Pantaleon

K.H. Bergmann, St. Pantaleon in Köln, in: Rheinische Kunststätten, Heft 8–9, Neuß 1972.

H. de Boor, Die Chronologie der Werke Konrads von Würzburg, insbesondere die Stellung des Turniers von Nantes, PBB (Tübingen) 89, 1967, 210–269.

G. Eis, Beiträge zur mittelhochdeutschen Legende und Mystik. Untersuchungen und Texte, Berlin 1935.

P. Gereke, Textkritisches und metrisches zu den dichtungen Konrads von Würzburg. II. Untersuchungen über den auftakt, PBB 37, 1912, 432–469, IV. Zum text des Alexius und des Pantaleon, PBB 38, 1913, 519–529.

G.O. Janson, Studien über die Legendendichtungen Konrads von Würzburg, Phil. Diss. Marburg 1902.

E. Joseph, ed. 2. Aufl. von Engelhard, Eine Erzählung von Konrad von Würzburg mit Anmerkungen von M. Haupt, Leipzig 1890.

K. Lachmann: s. unter M. Haupt, Berichtigungen und zusätze zum sechsten bande, ZfdA, 6, 1848, 580.

H. Laudan, Die Chronologie der Werke des Konrad von Würzburg, Phil. Diss. Göttingen 1906.

H. Laudan, Der auftact bei Konrad von Würzburg, ZfdA 48, 1906, 533–548.

I. Leipold, Die Legenden Konrads von Würzburg. Untersuchungen zu den Heiligen der Legenden und den Auftraggebern, München 1971 (Magisterarbeit, masch.).

H. Menhardt, Verzeichnis der altdeutschen literarischen Handschriften der österreichischen Nationalbibliothek, Berlin 1960, Bd. I, 517–526.

XIX

P. Ochsenbein, Neuentdeckte Bruchstücke vom Trojanerkrieg Konrads von Würzburg, ZfdA 99, 1970, 148–156.

E. Schröder, Zur textkritik des Pantaleon, ZfdA 48, 1906, 548.

E. Schröder, Studien zu Konrad von Würzburg IV. 3. Pantaleon, Nachrichten von der Königlichen Gesellschaft der Wissenschaften zu Göttingen, Philologisch-historische Klasse, 1917 (1918), 102–104.

E. Schröder, rez. P. Gereke, Konrad von Würzburg, Die legenden III, Halle 1927, AfdA 64, 1927, 118.

W. Woesler, Textkritisches zu Konrads ‚Pantaleon‘, ZfdA 101, 1972, 213–224.

G. Wolff, rez. E. Joseph, Konrads von Würzburg Klage der Kunst, Straßburg 1885, AfdA 31, 1887, 232–244.

XX

Ez ist ein nütze dinc vernomen
und mac ze sælden wol gevromen
daz man der liute kumber saget
die mit ir marter hânt bejaget
5   der êweclichen wunne leben.
bîschaft ze reinen tugenden geben
kan ir reineclicher tôt.
swâ man ir angest unde ir nôt
des lîbes ôren kündet,
10   dâ wirt vil schier enzündet
des herzen sin ûf edel tât.
swer muot ze reinen werken hât,
der mac vil gerne hœren
wie si zer himel kœren
15   mit ir marter komen sint
und wie des reinen gotes kint
vergozzen hânt ir reinez bluot.
ez ist vür houbetsünde guot
daz man ir tugende merket.
20   ein herze wirt gesterket
an reines willen krefte
von guoter bîschefte

14 zer himel kœren *V* : zen
himelkœren *Schröder* 1906,
548.   16 reinen *Hau* : reine *V.*

1

und wirt im sünde wilde.
von guoter liute bilde
25 den liuten allez guot geschiht.
ûf alsô rîche zuoversiht
wil ich ein wârez mære sagen
von einem herren der bejagen
mit sîner tugende kunde
30 daz im got †vröude gunde
und êweclicher vröude dort.
er hât den liehten himelhort
mit maniger nôt verschuldet
diu von im wart geduldet
35 durch sîner tugende reinekeit.
er vaht mit nœten unde streit
der heiden ungelouben an,
dâ mit er sêlen vil gewan
dem werden hôchgelobten gote,
40 und mac gewinnen sîme gebote
ze dienste noch vil manigen lîp.
sîn marter sol man unde wîp
hie scheiden von ir missetât.
swer sînen tôt vor ougen hât
45 und in ûf erden êret,
der wirt von im bekêret
unde erlôst von arbeit.
er ist ein lieht der kristenheit,
daz in des herzen sinne

23 ım *Hau* : ime *V so immer.*
28 einem herren *Hau* : einen
 herzen *V.*
30f.fröde − frôde *V* : fröude −
 fride *Hau,* sælden − fröude
 Lachmann 1848, 580,
 fride − fröude *Schröder*
 1906, 548, vröude − wunne
 Ger, vgl. A 1404f.

33 maniger *V* : maneger *Hau,*
 manger *Ger so immer.*
35 sîner *Hau* : sine *V.*
39 dem *Hau* : deme *V so immer.*
49 daz *Hau* : der *V.*

50 den glanz der wâren minne
    kan bieten unde reichen.
    dâ von ich sîniu zeichen
    und sîne marter wil enbarn.
    daz wunder sol ze liehte varn
55 daz got durch sîne tugent begie.
    mit rede wil ich ensliezen hie
    den namen und die helfe sîn,
    durch daz den liuten werde schîn
    daz sîn genâde manicvalt
60 si müge erlœsen mit gewalt
    von allem ungevelle.
    swer nû sîn leben welle
    vernemen hie mit reiner ger,
    der biete herze und ôren her,
65 sô wirt im offen diu getât
    die got durch in begangen hât.
        Ein keiser hiez Maximiân.
    bî des zîten wart getân
    der kristenheite schaden gnuoc.
70 swer ie geloubic herze truoc,
    der wart durch sîn gebot erslagen:
    er hiez in von dem lebetagen
    erbermeclichen scheiden.
    der übel arge heiden
75 was ze Rôme sezhaft.
    sîn keiserlîchiu magenkraft
    diu schein gar michel unde breit.
    dâ von hiez er die kristenheit

---

52 sîniu *Hau* : sine *V so meist.*
56 wil ich *V* : ich wil *Schröder*
   1906, 548.
59 genâde *Hau* : gnade *V.*
61 allem *Hau* : alleme *V.*
66 die *Ger* . daz *V.*

69 cristenheite *Hau* : cristen-
   heit *V.*
   gnuoc *Ger* : genuog *V.*
72 lebetagen *Hau* : lebtagen
   V so immer.
73 erb. *Hau* : un erb. *V.*

3

duræhten mit gewalte.
80 mort unde mein er stalte
mit grimme an den getouften,
vor im sich gnuoge slouften
ze walde in manic tiefez hol.
ir etelîche jâmers vol
85 verborgen sâzen in den steten,
durch daz er si niht hieze treten
gewalteclîche in sînen zorn.
ze leide er manigem was geborn
den er des lîbes roubte:
90 wan swer an Krist geloubte,
der leit von im die marter.
dar umbe in deste harter
entsâzen alle kristen
und wolten gerne vristen
95 vor im ir leben unde ir lide.
si burgen sich durch guoten vride
in welden unde in wüesten,
durch daz si drinne müesten
vil strenger nœte sich entsagen.
100 nû was ze Rôme bî den tagen
ein herre Eustôrius genant,
des herze man gereinet vant
von schamlicher missetât.
er was ein rîcher sênât,
105 der zühte und êren sich versan.
der selbe tugentrîche man

---

82 sich gnuoge *Hau* : genuog
sich *V.*
84 etelîche *Hau* : etlicher *V.*
87 gewalteclîche in *Gereke*
1913, 525f. : gewaltec-
lichen *V.*
88 manegem *Hau* : manigen *V.*

90 swer *Hau* : wer *V.*
95 vor *Hau* : von *V.*
100 w. ze R. *Hau* : w. r. *V.*
104 sênât *Hau* : sanat *V.*
105 zühte *Hau* : schuhte *V.*
106 tugentrîche *Ger* : tugende
riche *V.*

hete einen schœnen sun erzogen,
des muot geneiget und gebogen
wart ze kristenlicher tugent.
110 geblüemet stuont sîn reiniu jugent
mit durliuhtiger werdekeit.
diu sælde was ûf in geleit
daz er sich meines muoste schamen.
Pantaleôn hiez er ze namen
115 und hete sîn gemüete
gezieret wol mit güete
und mit rîlicher milte.
sîn herze in êren spilte
alsam ein rôse in touwe.
120 Mâze, aller tugende vrouwe,
lêrte in bescheidenlîchiu dinc.
er was ein glanzer jungelinc
und ein sô gar liutsælic knabe
daz ich von im gelesen habe
125 er trüege lûterbæren schîn.
Eustôrius der vater sîn
hielt in mit grôzen êren.
er wolt in heizen lêren
diu buoch von arzenîe.
130 dâ von der wandels vrîe
kôs einen meister in der stat.
den hiez der edel unde bat
daz kint dô lêren disen list.
der selbe meister alle vrist
135 wonte ûf des keisers palas,
wan er sîn hofgesinde was
und in hete in der huote sîn.
er was geheizen Eufrosîn,

---

111 durliuhtiger *Hau* : durliuh-
ter *V.*

125 lûterbæren *Hau* : luter-
bern *V.*

133 dô *Hau* : da *V so meist.*

5

und lac an im witze und vernunst.
140 von arzenîe erwelte kunst
sîn herze vinden kunde.
den jungelinc begunde
der meister wîsen dâ zehant.
des knaben er sich underwant
145 und lêrte in sîner buoche schrift.
nû was ein priester in der stift
gesezzen bî der jâre tagen,
des lîp gereinet und getwagen
mit dem vil hêren toufe was.
150 von Kriste sang er unde las
daz beste daz er wolte.
swaz gote zêren solte,
daz tet er willeclîche sus.
man seit daz Ermolâus
155 genant der priester wære,
doch niht was offenbære
Rômæren allen worden
sîn kristenlicher orden.
    Er hal sîn leben und sîn ê,
160 wan er entsaz den keiser mê
dann in der welte keinen man.
sîn herze in gotes minne bran
und was an Krist geloubhaft.
diz barc er vor der heidenschaft
165 durch angestlicher vorhte grûs.
Pantaleôn gienc durch sîn hûs

---

143 der *Hau* : den *V.*
145 sîner *Hau* : sine *V.*
147 der jâre *Hau* : den iaren *V.*
152 gote zêren *Hau* : ze gottes
  eren *V.*
157 Rômæren *Laudan* 1906,
  534 : den rœmeren *V.*

161 dann *Ger* : den *V*, denn *Hau.*
  keinen *Ger* : dekeinen *V*,
  deheinen *Hau.*
163 geloubhaft *V* : geloubehaft
  Hau.
165 angestlicher v. grûs *Hau* :
  angestliche v. grŏz *V.*

6

swenne er ze schuole solte gân.
dâ von der reine kapellân
den knaben dicke und ofte sach.
170 zeimâl gruozt er in unde sprach:
'kint liebez, vröuwe dich in gote!'
Pantaleôn, der sælden bote,
gap im der rede antwürte dô.
'nû sint ouch ir in gote vrô,
175 vil sælic herre mîn', sprach er.
'sîn gnâde vröuden iuch gewer
mit liebe sunder ende!'
sus bôt im sîne hende
der priester dô mit witzen.
180 er hiez in nider sitzen
vil nâhe sîner sîten.
si wurden bî den zîten
mit einander redehaft.
sich huop ein trûtgeselleschaft
185 unde ein kôsen under in.
des wart ir heil und ir gewin
von gote sît gemêret.
der priester wol gelêret,
geheizen Ermolâus,
190 sprach ze deme kinde alsus:
'sage mir, trûtgeselle, nû,
von welher künste lernest dû?
waz ist dîn leben und dîn ê?
wie dîns gelouben orden stê,
195 daz tuo mir hie mit rede schîn!

167 swenn *Hau* : wenne *V.*
170 zeimâl *Hau* : ze einem mal *V.*
173 antwürte *Hau* : antwurt *V.*
177f. ende / hende *Hau* : hende / ende *V.*
181 nâhe *Hau* : nah *V.*
186 wart *Hau* : war *V.*
192 welher *Hau* : weler *V.*
193 w. ist d. *Hau* : w.d. *V.*

den namen und daz künne dîn,
gar willeclîche ich daz vernime.'
'trûtherre', sprach der knabe zime,
'Pantaleôn bin ich genant,
200 und ist daz herze mîn gewant
ûf hôher arzenîe list.
mîn vater noch ein heiden ist
und was getouft diu muoter mîn.
diu muoz erstorben leider sîn
205 und ist nû lange tôt gelegen.
ich sol der hôhen künste pflegen
diu siechen heilet unde nert.
ob mir diu sælde wirt beschert
daz ich si wol gelerne,
210 sô trîbe ich si vil gerne.'
    Des antwurt im der priester wîs.
'kint', sprach er, 'daz dû sælic sîs!
wiltû der arzenîe gern
diu sieche liute kan gewern
215 gesuntheit und geniste,
sô kêre dich ze Kriste
und wirt an in geloubhaft!
er lêret dich die meisterschaft
diu manigen hilfet vür den tôt
220 der in vil herzeclîcher nôt
gedorret und geswarzet.
er ist der oberste arzet,
der eines blinden ougen
erliuhten kunde tougen

---

203 getouft *Hau* : getouffet *V.*
206 i. sol d. *Gereke* 1913, 526 :
    i.d. *V*, i.ger d. *Hau.*
208 ob *Hau* : obe *V so meist.*
214 gewern *V* : erwern *Ger.*

217 geloubhaft *Ger* :
    geloubehaft *V.*
219 manigen *V* : manegem *Hau.*
222 oberste *Hau* : oberoste *V.*

225 und die tôten hiez erstân.
er lie den betterisen gân
mit sîner helfe ræten.
dar zuo kunde er verstræten
daz bluot dem armen wîbe
230 und half ir siechem lîbe
daz er von sîner suht genas.
Asclêpius und Ypocras,
die der keiser ruofet an,
die sint ein wiht, wan dir enkan
235 ir trôst gehelfen noch gevromen.
dû solt ûz ir gebote komen
und êre Krist, der megde kint.
swaz abgöte ûf erden sint,
die lânt sich alle vinden toup.
240 ir helfe swînet als ein stoup
den starke winde rüerent
und in mit sturme vüerent
über tal und über berc.
geloub an keines menschen werc
245 und lâ dich gerne toufen!
sô mahtû sælde koufen
und êweclicher wunne lôn.'
die lêre enpfie Pantaleôn
in sîn gemüete dô mit kraft,
250 alsam ein erde wuocherhaft
enpfâhet guoten sâmen,
swenn ir beginnet râmen
mit sîner sæte ein àckerman.

---

225 t. hiez e. *Joseph* 1890, 216 :
t. e. *V.*
230 ir siechem *Hau* :
irm siechen *V.*
232 Asclêpîus *Hau* : ascalapines
(davor Asch *getilgt) V.*

233 ruofet an *Hau* : ruofte an
sich *V.*
238 abgöte : apgote *V,* abegote
erwägt Laudan 1906, 542.
245 gerne *Hau* : gern *V.*
252 swenn *Hau* : swer *V.*

9

sîn edel herze daz enbran
255   und wart von gotes geiste
rehte als ein fiures geneiste
enpflammet unde schôn enzunt.
ûf tet er sînen kiuschen munt
gezogenlichen unde sprach:
260   'des selben dinges mir verjach
mîn muoter daz ir hânt gesaget.
dâ von mir deste baz behaget
iuwer lêre und iuwer bete.
si dunket mich süeze als ein mete,
265   wan ich si gerne ervüllen wil
mit werken iemer âne zil.'
    Hie mite was diu rede hin
die si dô triben under in.
Pantaleôn der kêrte sich
270   †alsam ich sage unde ouch sprich
ze schuole sam er tet dâ vor.
im was durch sîner ôren tor
geslichen ûf des herzen grunt
der rât den im der priester kunt
275   gemachet hete bî der vrist.
versigelt wart der süeze Krist
mit kunst in sîn gemüete dô.
nû kam ez ze einer zît alsô
daz der junkherre wol getân
280   ze sîme meister solte gân.
dô sach er an der strâze ligen

---

256 geneiste *V* : gneiste *Hau*.
260 mir *Hau* : mich *V*.
261 ir h. *Hau* : ir mir h. *V*.
262 deste *Hau* : daz *V*.
265 ervüllen *Hau* : erfollen *V*.
267 hie *Hau* : nie *V*.

269f. *Haupt verwirft v. 270 und setzt v. 269 an dessen Stelle.*
278 kam *Hau* : kan *V*.
einer *Hau* : eine *V*.

ein kint, daz nider was gesigen
von herzelicher swære.
sîn nôt schein angestbære,
285   wan ez was umbevangen
mit eime grôzen slangen,
der het umbe ez geslozzen sich.
dâ von sîn marter grimmelich
erschein und al sîn ungemach.
290   nû daz Pantaleôn gesach
daz kint alsus beswæret,
dô wart an im bewæret
milte unde erbarmeherzekeit.
des kindes marter was im leit,
295   wan er begunde tougen jehen:
'noch hiute sol mîn ouge sehen
ob Ermolâus hât geseit
von Kriste mir die wârheit:
ich wil versuochen sîne kraft.'
300   sus gie der knappe tugenthaft
dar nâher zuo dem kinde.
die blanken hende linde
zeinander leiter unde vielt,
sîn ougen er ze gote ûf hielt
305   mit inneclichem muote.
'Krist herre,' sprach der guote,
'lâ dîne gnâde werden schîn.
sît daz dû mit der krefte dîn
maht heilen blinden unde lamen
310   und der tôte in dînem namen
vil schiere wirt erquicket,

---

282 e. kint d. *Hau* : e. d. *V.*
287 *nach* 288 *V, korr. Hau.*
292 bewæret *Hau* : geweret *V.*
293 erbarmeherzekeit *Hau* :
      erbarmherzekeit *V.*

296 sehen *Ger* : gesehen *V.*
305 inneclichem *Hau* :
      innenclichen *V.*

sô werde ouch hiute entstricket
diz kint von sîme twange,
sô daz der veige slange
315   zerbreche und ouch zerspringe
und ez niht langer twinge
mit sîner grimmen krefte.
entlœs im und enthefte
den lîp von dirre marter,
320   durch daz ich deste harter
geloube an dîne gotheit.
bewær ob mir sî wâr geseit
unde erzeige dîne kraft,
dar umbe daz ich diensthaft
325   dir welle sîn ûf erden
und ich dir müeze werden
vil undertænic mîniu jâr.
und wirt daz offenlîche wâr
daz Ermolâus seite mir,
330   sô diene ich êweclichen dir
durch dîner hôhen tugende reht.
vernim mich armen, dînen kneht,
unde erhœre mich zehant,
alsô daz dirre serpant
335   diz kint niht langer trücke.
zerspringet er in stücke,
sô weiz ich wol daz dîn gewalt
ist vorhtsam unde manicvalt.'
Nû der vil reine guote
340   mit durchliuhtigem muote

---

317 grimmen *Hau* : grime *V.*
318 entlœse im *Hau* : ent-
    lœsen *V.*
324 diensthaft *V* : dienesthaft
    (ebenso v. 1763) Hau,
    Schröder 1927, 118.

338 vorhtsam *Ger* : vorhsam *V.*
340 durchliuhtigem : durch-
    suchtlichem *V,* durnehti-
    gem *Hau.*

die rede und disiu wort getete,
dô wart erhœret an der stete
sîn vlêhelîchiu stimme.
der slange unmâzen grimme
345 begunde sich entheften
und wart von gotes kreften
zerteilet und zerschrenzet
und alsô vaste entgenzet
daz er in kleiniu stüppe spranc
350 und daz kint niht mêre twanc,
daz dô vil schône wart gesunt
und dannan kêrte bî der stunt
als im nie leit erswære.
diz zeichen offenbære
355 daz wolte got erscheinen
durch sînen kneht den reinen,
der ungetoufet dannoch was.
und dô daz arme kint genas
durch Pantaleônes bete
360 und er an im erkennet hete
diz zeichen und diz wunder,
dô seite er dô besunder
lop unde prîs dem werden gote.
er dankte sêre sîme gebote
365 und îlte z Ermolâô.
was im geschehen wære dô,
daz tet er im mit rede erkant
und hiez sich toufen alzehant.
    Diz wart getân vil schiere dô.
370 der priester wart der sælden vrô

341f. getete / stete *Hau* : getet /
    stet *V so immer.*
349 stüppe (stuppe *V)* :
    stücke *Ger.*
352 dannan *V* : dannen *Hau.*

357 dannoch *Hau* : dennoch *V.*
358 u. dô d. *Hau* : u. d. *V.*
364 dankte *Hau* : danckete *V.*
365 z *Hau* : zuo *V.*

daz got durch in besunder
diz zeichenlîche wunder
dem kinde eröuget hæte.
Pantaleôn der stæte
375   mit gotes geiste ervüllet wart.
wie von der heidenischen art
sîn vater würde enbunden,
dar zuo wart bî den stunden
der jungelinc gedankhaft.
380   er leite dar ûf sîne kraft
in herzen unde in muote
daz in der reine guote
bekêren möhte bî der vrist,
alsô daz er den wâren Krist
385   in sîn gemüete næme
und von den göten kæme
der ungetouften heiden.
den herren wol bescheiden
berespen er begunde.
390   er sprach ûz wîsem munde:
'wie vüeget sich daz, vater mîn,
daz die vertânen göte dîn
sô rehte wandelbære sint?
si dunkent mich toup unde blint
395   an kreften unde an witzen.
man siht ir einen sitzen,
swen alle zît der ander stât,
und der sich dâ gesetzet hât,
des lîp enkan niht ûf gestân,

---

372 diz zeichenlîche : die
      zeichenliche *V*, diu
      zeichenlichen *Hau*.
376 heidenischen *Hau* :
      heidenschen *V*.
381 herzen *Hau* : herze *V*.
384 wâren *Hau* : ware *V*.

386 göt(t)en *so meist V* :
      goten *Hau*.
390 wîsem *Hau* : wisen *V*.
396 man *Hau* : wan *V, ebenso*
      920, 1490.
399 enkan *Hau* : kan *V*.

400	noch mac der stânde niht gehân
	die maht daz er gesitzet nider:
	in beiden sint lîp unde lider
	krefte unde lebender tugende blôz.
	ez ist ein missewende grôz
405	daz ieman an die touben
	abgöte wil gelouben,
	den alliu stiure ist gar benomen.
	swaz niht im selben mac gevromen,
	wie kunde mir gehelfen daz?
410	man sol den göten sîn gehaz
	die menschen lîp gewirket hât.
	wer wolde sîner hantgetât
	die wirde bieten alle stunt
	daz ir sîn opfer würde kunt
415	und er si lobte alse einen got?
	ez ist ein uppiclicher spot
	daz man ein werc sol ane beten
	daz abe der stete enmac getreten
	einen vuoz noch einen schrit.
420	daz niht gerüeren kan diu lit
	als dîne göte, vater mîn,
	daz mac wol ein gestüppe sîn.'
	Der herre des antwürte bôt.
	'sun', sprach er, 'dû hâst mich ze nôt
425	mit dirre teidinge brâht.
	mîn herze ist niht sô wol bedâht
	daz ich gantwürten künne dir.
	dîn rede ist gar ze swære mir

400f. stânde n.g./d. maht *Hau* :
    stunde n.g./d. machet *V.*
408 selben *Hau* : selber *V.*
412 wer wolde s. *Hau* : wer s. *V.*

418f. stete enmac getreten/ei. :
    stete niht mag getreten/ei.
    V, stete niht getreten/mac
    ei. *Ger.*
425 teidinge *Hau* : redinge *V.*

und alze starc diu vrâge dîn,
430 wan ich an dem gelouben mîn
von dîner worte lêre
beginne wanken sêre
und vaste zwîvelhaft bestân.
ein rede ist von dir hie getân
435 diu mînen witzen ist ze grôz.'
mit disen worten im entslôz
der vater unde tet im kunt
daz gotes geist in hete enzunt
und sîn gemüete erlûhte.
440 den jungelinc bedûhte
schiere an des alten bîhte
daz er in möhte lîhte
gewîsen von der heidenschaft.
sît er ein wênic zwîvelhaft
445 an dem gelouben sîn bestuont,
alse alle die vil schiere tuont
die von ir orden wellent gân,
sô kunde sich des wol verstân
Pantaleôn der wîse
450 daz er sanfte unde lîse
bekêret würde und überredet.
swer zwîvel in sîn herze ledet
mit sinne und mit gedanken,
der wil ouch lîhte wanken
455 von sîner ordenunge.
daz hete wol der junge
Pantaleôn erkennet.
Eustôrius enbrennet

---

432 b.w. *Hau* : b. ich w. *V.*
438 daz *Hau* : dez *V.*
    in hete *Hau* : hete in ime *V.*
444 ein wênic *Hau* : enwenig *V.*

446 alse : also *V so öfter.*
453 sinne *Hau* : sinnen *V.*
456 daz *Hau* : der *V.*

16

was von gotes geiste dô.
460 des wart in sîme herzen vrô
sîn lieber sun vil drâte,
durch daz von sîme râte
der herre solte werden
gereinet ûf der erden
465 von allem itewîze.
er warp mit hôhem vlîze
und leite dar ûf sînen pîn
daz dô die valschen göte sîn
der vater hieze brechen.
470 iedoch wolt er niht sprechen,
wan er mit leiden mæren
gedorste niht beswæren
den herren missewende bar,
ê daz er in bekêrte gar
475 ze kristenlichem orden.
er dâhte: 'swen er worden
ist ein durnehtic kristen,
so enlâze ich in niht vristen
sîn abgöte langer mê,
480 wan ich und er tuont in sô wê
daz wir si brechen beide
und werfen si mit leide
vür daz hûs und abe der stete.'
Pantaleôn die rede tete
485 vil tougen und vil stille.
ze gote stuont sîn wille,
wan er in sîme geiste bran.
nû was ein liehtelôser man
ze Rôme sunder lougen,
490 der niht an beiden ougen

---

478 ich in n. *Hau* : ich n. *V.*   479 abgote *Hau* : apgötten *V.*

17

moht einen bœsen stic gesehen.
er hôrte sprechen unde jehen,
Pantaleôn der wære
ein arzât sô gewære
495 daz er mit sînen listen
künde alle siechen vristen
von schedelicher swære.
im wart geseit ze mære
daz er mit sîme trôste
500 daz arme kint erlôste
von dem unreinen slangen.
dâ von kam er gegangen
ze sîme hûse drâte.
nâch wîser liute râte
505 wart er vür in geleitet.
dâ von was im bereitet
helfe unde trôst vil schiere.
Pantaleôn der ziere
liez im dô guoten rât geschehen.
510 wan er in begunde sehen,
dô sprach im der getriuwe zuo:
'waz wiltû, vriunt, daz ich dir tuo?'
    Des antwurt im der blinde.
ze dem erwelten kinde
515 sprach der liehtelôse kneht:
'ich suoche dîner gnâde reht
und dînen helflichen trôst,
sô daz ich armer werde erlôst
von mîner siechen blintheit

---

491 moht e. b. st. g. *Hau* :
e. b. st. niht möhte g. *V.*
stic *(*stick *V) Lachmann*
1848, 580 : stich *Hau.*
494 gewere *V* : gebaere *Gereke*
1913, 526.

513 antwurt*(e) Hau* : antwur-
tet *V ebenso* 792, 981.
515 liehtelôse *Hau* : liehtloser
V.
517 helflichen *V* : helfelichen
Hau.

18

520	und ich von dîner tugende breit
	mîn lieht nû müeze wider hân.
	mit arzenîe ich hân vertân
	mîn guot und alle mîne habe.
	mir hât vil manic arzât abe
525	gebrochen swaz ich hæte,
	und hânt mich sîne ræte
	geholfen harte kleine doch.
	ich hete ein wênic liehtes noch:
	daz selbe ist mir benomen gar.
530	ich bin des guotes worden bar
	und der gesihte leider:
	der tâten vrî mich beider
	die meister mit ir lêre.
	dâ von beganc dîn êre
535	an mir und dîne sælekeit.
	sît daz ein wunder sî geleit
	an dich von hôher künste,
	sô lâ von dîner günste
	die grôzen sælde mir geschehen
540	daz ich den tac nû müge gesehen.'
	Pantaleôn sprach aber dô:
	'war umbe sol ich machen vrô
	mit mîner helfe dînen muot,
	sît dû deheiner slahte guot
545	ze lône maht gegeben mir?
	waz miete enpfienge ich nû von dir,
	und würdestû gesehende?

521 lieht nû *Gereke* 1912, 436 :
    lieht *V,* ougen *Laudan*
    1906, 543.
523 *nach* 524 *V, korr. Hau.*
535 sælekeit *Hau* : selikeit *V.*

540 d. t. nû m. *Ger* : d. t. m. *V,*
    m. d. t. *Hau.*
547 würdestû gesehende *Hau* :
    wurdestu von mir gesehen
    V.

dû wære mir verjehende
dû habest dîne habe verzert
550 und habest dich doch niht genert
mit arzetuome, als ich vernime.'
'trûtherre', sprach der blinde zime,
'daz selbe kleine güetelîn
daz noch in dem gewalte mîn
555 beliben sî, daz soltû nemen,
durch daz dû lâzest mir gezemen
die helfe und dîne stiure.'
'nein', sprach der knabe gehiure,
'ich enger dîns guotes niht.
560 swaz dû habest in dîner pfliht,
daz gip enwec den armen.
dîn breste sol erbarmen
den wâren und den süezen Krist.
der machet dich in kurzer vrist
565 gesehende sunder lougen
und reinet dir dîn ougen
von liehtelôser blintheit.
sîn helfe wirt an dich geleit
und sîn gnædeclicher trôst,
570 sô daz dû schaden wirst erlôst.'
    Der rede wart der blinde vrô.
Pantaleônes vater dô
gedâhte wie daz möhte sîn
daz lûterlicher ougen schîn

548 dû wære mir verjehende
    Hau : du hast doch mir hie
    veriehen *V.*
549 verzert *Hau* : verzeret *V.*
550 habest *Hau* : enhast *V.*
    genert *Hau* : generet *V.*
555 beliben *Hau* : bliben *V.*
557 die *Ger* : dine *V, gestr. Hau.*

559 enger dîns *Hau* : engere
    dines *V.*
560 habest *V* : gehabest
    Laudan 1906, 346,
    Gereke 1912, 436f.
    dîner *Hau* : dine *V.*
566 dîn *Hau* : diniu *V.*

575 der blinde enpfienge sâ zehant.
ze dem junkherren wîse erkant
der alte minneclîche sprach:
'wie mac des siechen ungemach
von dir gebüezet werden,
580 sît meister vil ûf erden
ir kunst an im versuochet hânt
und si doch keine helfe lânt
an sînen ougen schînen?
dû wilt vergebene pînen
585 dîn herze und dînen willen,
sît daz dû wænest stillen
daz leit mit dîme râte
daz weder vruo noch spâte
kein arzât mac gebüezen.'
590 der rede von dem süezen
antwürte wart gegeben dô.
Pantaleôn der sprach alsô:
'der meister der mich lêrte
und mîne liste mêrte,
595 der ist sô rîcher künste vol
daz ich mit sîner helfe wol
dem blinden sînen kumber nime.'
'sun', sprach der vater aber zime,
'daz seistû von dem meister dîn?
600 dem liehtelôsen mohte schîn
niht werden sîner helfe rât.
swie vaste er sich versuochet hât
an im, er kunde niht genesen.
wiltû nû künste rîcher wesen

---

580 m. vil *Hau* : m. so vil *V.*
592 P. der s. *Ger* : P. s. *V.*
599 daz *V* : waz *Hau.*

600 liehtelôsen *Hau* : lieht-
losen *V.*
mohte *Hau* : mœhte *V.*
604 künste rîcher *Hau* :
kunstricher *V.*

605   denn er, daz ist ein vremdez dinc.'
     'swîc', sprach der edel jungelinc,
     'und lâ belîben disiu wort.
     dû solt hie grôzer tugende hort
     und michel êre an gote sehen.
610   der lât daz wunder dâ geschehen
     daz dirre man gesihte bar
     gewinnet ougen liehtgevar
     und gesehende schône wirt.
     Krist Jêsus im die helfe birt
615   mit hôhen kreften ûz erlesen
     daz er vil schiere sol genesen.'
      Mit disen worten unde alsô
     der gotes wunderære dô
     greif an des blinden ougen.
620   er liez ze himel tougen
     erhellen sîner stimme dôn.
     der jungelinc Pantaleôn
     begunde sprechen disiu wort:
     'got herre, der ze himel dort
625   unde ûf erden hâst gewalt,
     lâ dîne güete manicvalt
     und dîne gnâde werden schîn.
     sît daz dû mit der krefte dîn
     die vinsternisse erliuhten maht,
630   sô tuo dîn wunder maniger slaht
     den liuten offenbære.
     erzeige in und bewære
     daz dîn almehtic gotheit
     sich lâze kreftic unde breit
635   an allen steten vinden.
     erliuhte disem blinden

---

618 wunderære *Hau* : wndere *V.*

624 d.ze h.*Hau* : d.h. *V.*

632 e.in u. *Hau* : e.u. *V,* e.im
    u. *Ger.*

636 disem *Hau* : disen *V.*

sîn ougen ungesihtic,
durch daz man werde gihtic
dir manicvalter wirde.
640   geruoche sîne girde
und mîne bete erhœren,
sô daz dû wellest stœren
sîn leit daz im dâ wirret.
sîn lieht daz im verirret
645   von touber missewende sî,
daz mach im lûter unde vrî
vor wandelbæren dingen;
sô mac dîn lop erklingen
und wirt dîn name erhœret.
650   lâstû sîn leit zerstœret
von dîner helfe werden,
sô prîset man ûf erden,
got herre, dîne magenkraft,
diu starc ist unde sigehaft.'
655   Mit dirre vlîzeclichen bete
Pantaleôn ervröuwet hete
den liehtelôsen drâte.
von sîner helfe râte
sîn ougen wurden ûf getân.
660   daz lieht begunde er wider hân,
daz im dâ vor gezücket was.
gar lûter sam ein spiegelglas
wart im gemachet sîn gesiht.
dâ von sûmt er sich langer niht,
665   er seite prîs dem werden gote.

637f. ungesihtic/gihtiv *V* :
    ungesihtec/gihtec *Hau.*
639   manicvalter *Hau* :
    manigvaltiger *V.*
650   leit zerstœret *Hau* :
    lieht zerstœren *V.*

661   gezuket *V* : enzücket
    Schröder 1906, 548.
664   sûmt er sich *Hau* : sumet
    sich *V.*

der tugende dankte er sîme gebote
daz im sîn ungemach verswein.
mit vröuden kêrt er wider hein
schône unde wol gesehende.
670 des wart man lobes jehende
Pantaleône bî der zît.
vil maniger sprach in widerstrît
daz er binamen wære
ein arzâthelfære
675 unde ein meister ûz erkorn.
sîn werder vater hôchgeborn
sich vröute sîner werdekeit.
sîn muot ganzlichen wart geleit
an Jêsum Krist den reinen,
680 wan er begunde meinen
sunder allen wandel in.
sîn sun und er die kêrten hin
ze priester Ermolâô.
dem seiten si ze mære dô
685 daz wunder daz dâ was geschehen.
wie got den blinden lie gesehen,
daz wart im dô gekündet.
des wart sîn muot durchgründet
vil gar mit vröuderîcher art.
690 Pantaleônes vater wart
von im getoufet bî der zît.
ze sîme hûse giengen sît
die gotes trûten alle drî.
daz wart gereinet unde vrî
695 vor wandelbæren sachen,

---

666 dankte *Hau* : dancket *V.*
672 in *(im V)* widerstrit *V* :
  enwiderstrît *Hau.*
677 fröute *Hau* : fröwete *V.*

682 die kêrten *Hau* : kerte *V.*
683 ze *V* : zem *Schröder* 1927,
  118.
687 dô *Hau* : doch *V.*

wan si begunden swachen
die valschen göte sîn iesâ.
die brâchen si ze stücken dâ
noch liezen si niht ane beten.
700 si wurden in daz hor getreten
und ûz dem hûs gescheiden.
der priester disen beiden
daz beste willeclichen riet.
sîn rât sun unde vater schiet
705 von aller zwîvelunge,
wan sîn erweltiu zunge
lie si vil tugende merken.
ir muot begunde er sterken
an kristenlichem orden.
710 si wâren schiere worden
durch sîne wîsen ræte
an dem gelouben stæte.
    Si lobeten Krist ân allen mein.
ir muot an im durliuhtic schein
715 als ein kristalle bî der zît.
Pantaleônes vater sît
nam ein vil sælic ende.
ân alle missewende
gelac der edel herre tôt.
720 den geist den sant er unde bôt
mit vröuden in den himeltrôn.
und dô sîn guot Pantaleôn
besaz und alle sîne habe,
dô lie der tugentrîche knabe
725 zeslîfen sîn gesinde.

---

699 ane beten *Hau* : an betten
    V.
708 begunde er *Ger* : begunde
    sich *V,* began sich *Hau.*
711 sîne *Hau* : sin *V.*

713 ân *Hau* : in *V.*
722 u. dô s. *Hau* : u.s. *V.*
724 tugentrîche *Ger* : tugende
    rîche *V.*

von dem erwelten kinde
den knehten wart gelônet wol.
er schiet si von im liebes vol
und vröudenrîches muotes.
730 daz ander teil des guotes
daz im über was beliben,
daz wart nâch sælden ouch vertriben,
wan er gap ez den armen
und lie sich gnuoc erbarmen
735 die dâ gevangen lâgen
durch daz si rehtes pflâgen
und Jêsum Krist an riefen.
er sant in zuo den tiefen
kerkæren sîne spîse.
740 Pantaleôn der wîse
die siechen wol beruochte.
swer sîne helfe suochte,
der wart zehant von im ernert.
den blinden wart sîn trôst beschert
745 und den krumben und den lamen.
er heiltes alle in Kristes namen
die vür in kêrten ungesunt.
gesuochet wart dô bî der stunt
kein ander meister wan eht er.
750 des truoc vil grimmes herzen ger
und einen vîentlichen sin
vil manic arzât wider in.
    Die meister alle von der stift
die kâmen ûf des nîdes trift
755 daz sin begunden hazzen.
sich huop in einer gazzen
ir samenunge an eime tage,
alsô daz si mit leides klage

---

730 ander *Hau* : anderu *V.*   746 heiltes *Hau* : heilete si *V.*

ze ein ander kâmen von geschiht
760 und unberedet liezen niht
daz in sô grôzen schaden tete
Pantaleôn an maniger stete
dâ si gewinnes solten pflegen.
in allen ûf der strâze wegen
765 der man begegente alzehant
ûf den Pantaleôn gewant
hete alsô helferîchen trôst
daz er mit sîme râte erlôst
von sîner blintheite wart.
770 nû daz die meister ûf der vart
den selben man gesâhen,
dô sprâchens unde jâhen:
'diz ist der man der ê was blint
und den Pantaleôn das kint
775 ernerte mit der helfe sîn.
er hât nû glanzer ougen schîn
und was im ê sîn lieht benomen.'
sus hiezens in dar nâher komen
und vür sich gân des mâles hin.
780 si sprâchen alle wider in:
'vriunt, wirt uns hie verjehende,
wer maht alsus gesehende
mit sîner hôhen stiure dich? '
'Pantaleôn generte mich',
785 sprach er dô sunder lougen,
'wan er zwei lûter ougen
her wider gap mit helfe mir.'
'waz arzenîe tete er dir',

---

760 unberedet *Hau* :
umberedet *V*.
767 helfe rîchen *Hau* :
helfenrichen *V*.

768 daz er *Hau* : der *V*.
787 her *Hau* : har *V*.

                    begunden si dô sprechen,
790   'dâ mit er dich gerechen
                    an der gesihte maht alsô?'
                    des antwurt er in aber dô
                    gezogenlichen unde sprach:
                    'swaz râtes mir von im geschach,
795   dar zuo leit er deheinen list,
                    wan daz er bat den süezen Krist
                    daz er mir helfe tæte schîn.
                    er ruorte in deme namen sîn
                    mîn ougen beidiu mit der hant.
800   dâ von ich die genâde vant
                    daz ich von mîner blinden art
                    durch sîn gebot erlœset wart.'
                        Diz mære in allen misseviel.
                    ir nîdic muot in zorne wiel
805   ûf den vil reinen jungelinc,
                    der sô genistbærlichiu dinc
                    den siechen lie dô werden schîn.
                    si sprâchen: 'zwâre, sol er sîn
                    iht lange in dirre guoten stat,
810   er tuot uns alle an êren mat,
                    wan er uns wirde roubet.
                    daz volc an in geloubet
                    und hât der göte kunst vür niht.
                    swer disen hœret unde siht
815   den er gesehende mahte,
                    der enhât ûf uns kein ahte
                    und ruochet unser kleine.
                    wir suln algemeine

---

793 gezogenlichen *Hau* :   811 wirde *Hau* : wirder *V.*
        gezogenliche *V.*   814 disen *Hau* : disen man *V.*
800 genâde *Hau* : gnade *V.*   818 suln *V* : sulen *Hau.*
807 den siech *V so!* : dem   algemeine *Ger* : aile
        siechen *Hau.*   gemeine *V.*

28

<pre>
        dem keiser von im künden
820   daz er mit valschen vünden
        sô vremdez wunder üebet.'
        sus giengen si betrüebet
        dô vür Maximiânen.
        ûf den vil wolgetânen
825   ir nîdic muot in zorne bran.
        dô si den keiser blikten an,
        dô sprâchens alle wider in:
        'die göte lîdent ungewin,
        den briuwet in Pantaleôn.
830   er krenket vaste ir lobes dôn
        und swechet in ir werdekeit.
        wan swen dû, herre, hâst geleit
        in dîn gebende durch daz er
        ze Kriste kêret sîne ger,
835   den spîset er mit sîner habe.
        daz er die mit trôste labe
        die dîn gebot versmahent hie,
        des vlîzet er sich, wand er nie
        den göten wolte bî gestân.
840   er hât vil wunders hie getân
        mit zouber daz er trîbet.
        ist daz er hie belîbet
        und niht von hinnan wirt gejaget,
        daz volc an dîner ê verzaget
845   und wirt an Krist geloubhaft.
        sîn rât mit valscher meisterschaft
        unbilde kan verenden.
</pre>

827 sprachens *Laudan* 1906,
     534 : sprachen siu *V.*
829 den *Hau* : die *V.*
830 dôn *Hau* : ton *V.*
831 werdekeit *Hau* : wirde-
     keit *V.*

833 gebende *Hau* : geben *V.*
834 sîne *Hau* : sinen *V.*
837 versmahent *V* :
     versmæhent *Hau.*
843 n. von h. *Laudan* 1906,
     543 : n.h. *V.*

lâ, herre, den besenden
den er gesehende mahte,
850 durch daz dû maniger slahte
getiusche an im beginnest sehen,
wan ez von gougel muoz geschehen
daz er die siechen alle stunt
mit sîner helfe tuot gesunt.'
855 Dem keiser was diu rede leit.
er hiez in sîner grimmekeit
den man vür sich besenden
der von des knaben henden
sîn lieht vil schiere wider nam.
860 und alse er ze hove kam
mit unverzagetes herzen ger,
dô sprach der keiser: 'bistû der
der von Pantaleône
gesehende wart vil schône
865 und ein sus klârez lieht gewan? '
'jâ, herre', sprach der guote man,
'ich bin der sunder lougen
dem er zwei lûter ougen
mit sîner helfe hât gegeben.
870 sîn rât mir lîp, herz unde leben
genædeclîche mahte vrô.'
'nû sage mir', sprach der keiser dô,
'wie mahte er dich gesunthaft?
hât er dich mit der göte kraft
875 alsus erliuhtet oder wie?'
'nein', sprach er, 'dîne göte nie
gehulfen im ze dirre getât
diu mich alsus erlœset hât

---

851 a.i.b. *Hau* : b.a.i. *V.*
861 unverzagetes *V* :
   unverzagtes *Hau.*
865 und ein *Hau* : ein *V.*

870 mir *Hau* : min *V.*
871 genædeclîche *Hau* :
   gnedecliche *V.*

von der vil starken swære mîn.
880 wie solten mich die göte dîn
erliuhten mit ir stiure,
sît daz in allen tiure
lieht unde lûter ougen sint?
swaz selbe toup ist unde blint,
885 wie möhte mir daz iht gevromen?
mir hânt die meister abe genomen
mîn guot mit arzenîe gar,
alsô daz ich ir helfe bar
gestuont an beiden ougen doch.
890 ich hete ein wênic liehtes noch:
daz nâmen si mir und den lôn.
dô nerte mich Pantaleôn,
als ez gebôt sîn herre Krist,
der gotes sun von himel ist
895 und wunders vil begangen hât.
er lât an im sîn hantgetât
rîlîche stiure vinden.
die lamen und die blinden
mac heilen sîn vil starc gebot,
900 wan er ist ein almehtic got,
der wazzer, viur, luft, erden
und alliu dinc liez werden.'
Der keiser ze allen orten
wart sêre von den worten
905 erzürnet alse ein tobic hunt.
mit grimme sprach er sâ zestunt:
'alrêst prüeve ich die wârheit.
swaz mir nû lange wart geseit
von Pantaleône,

879 starken *Hau* : starker *V.*
882 s. daz in *Hau* : s. in *V.*
895 *nach* 896 *V, korr. Hau.*

897 rîlîche *Hau* : rigeliche *V.*
900 i. ein a. *Hau* : i. a. *V.*
906 sp. er sâ *Hau* : sp. sa *V.*

31

910 des bin ich komen schône
ze eime ende nû bî dirre vrist.
sîn gougel und sîn zouberlist
den göten vil geschadet hât.
der disen menschen leben lât
915 der von der helfe sîn gesiht,
und in zehant verderbet niht,
mîn volc daz wirt bekêret,
wan ez mit opfer êret
deheinen got von mîner ê.
920 man sol niht langer unde mê
genesen lâzen disen man,
der ein urkünde geben kan
daz er gesehende worden sî.
nû machent in bar unde vrî
925 des lîbes und des lebetagen.'
seht, alsô wart im abe geslagen
daz houbet bî den stunden.
des wart sîn sêle vunden
schiere in dem paradîse.
930 Pantaleôn der wîse
rîlichen solt ze lône gap,
daz er in sînes vater grap
verborgenlîche wart geleit.
der im den lîp ze tôde sneit
935 und im dâ sluoc daz houbet abe,
der truoc in selbe hin ze grabe,
durch daz man gap im tiuren lôn.
dar nâch sô wart Pantaleôn
hin zuo dem keiser ouch besant.

---

915 gesiht *Hau* : geschicht *V.*
916 u. in z. *Hau* : u. z. *V.*
917 bekeret *V* : verkêret
   Schroder 1927, 118.
923 gesehende *Hau* : gesehen *V.*
924 machent *V* : machet *Ger.*
936 s. hin ze *Hau* : s. ze *V.*
938 n. sô w. *Ger* : n. w. *V.*

32

940	er kam dô vür in alzehant
	gegangen ûf den palas.
	daz er vor im verleidet was,
	dar ûf aht er vil kleine.
	der gotes kempfe reine
945	die marter lîden wolte
	durch daz er tragen solte
	der sigenüfte palmen.
	er sprach zehant den salmen
	ûf rîches lônes zuoversiht:
950	'mîn lop verswîc, got herre, niht;
	dû mach ez offen unde kunt,
	wan die sünder hânt ir munt
	durch haz entslozzen über mich.
	mit nîdes worten vîentlich
955	hânt mich bevangen übel man,
	die mich vergebene strîtent an.'
	Den salmen der getriuwe sprach.
	der keiser in dô komen sach
	mit willecliches herzen ger.
960	'dû bist Pantaleôn', sprach er;
	'dar umbe entsliuz die rede mir
	ob daz sî wâr daz ich von dir
	nû lange zît vernomen hân.'
	dô sprach der knappe wol getân:
965	'waz hât man dir von mir gesaget?'
	'mir hânt die meister hie geklaget',
	sprach aber ze im der heiden arc,
	'daz dû mit zouberîe starc
	den göten vil geschadet habest,
970	und daz dû vuorest unde labest

---

940 er *Hau* : dar *V.* 943 aht *Hau* : ahtet *V.*
942 daz *Hau* : da *V.* 952 sunder *V.* : sündære *Hau.*
  vor *Hau* : von *V.*

vil manigen den ich heize queln.
ich hœre sprechen unde zeln,
swer lige in mînen banden,
daz dû mit dînen handen
975 den salbest unde heilest.
dû vröuwest unde ergeilest
die kristen algemeine,
die mînen göten reine
ze lobelichen dingen
980 niht opfers wellent bringen.'
    Des antwurt im Pantaleôn.
er lie vil süezer stimme dôn
erklingen von dem munde sîn.
er sprach: 'die valschen göte dîn
985 die spulgent snœder meisterschaft.
den himmel kunde niht ir kraft
geschepfen noch dise erden.
hie sol erzeiget werden
waz ûf si tugende sî gewant.'
990 'wie mac daz werden uns bekant?'
sprach aber dô Maximiân.
'dâ solt dû vür dich bringen lân
balde einen siechen man', sprach er.
'heiz einen betterisen her
995 vil schiere tinsen unde tragen
des lîp von sînem siechtagen
niht gerüeren künne sich.
sô der gevüeret sî vür dich
und dû beschouwest sînen pîn,
1000 sô lâ zehant die priester dîn
al dîne göte schrîen an

---

982 süezer *Hau* : suosze *V.*   998 dich *Hau* : mich *V.*
995 tinsen *V* : dinsen *Hau.*   1001 al *Hau* : alle *V.*
996 siechtagen *Ger* :
      siechetagen *V.*

daz si dem lidesiechen man
hie wider geben sîne genist.
dar zuo sô wirt mîn herre Krist
1005   von mir gevlêhet ouch zestunt
daz er in mache wol gesunt
unde im rehtiu lit beschere.
swer denne sînen lîp genere
und in ervröuwe ân allen spot,
1010   den êre man vür einen got
der starc ist unde sigehaft.
ist daz im dîner göte kraft
gebieten mac gesuntheit,
sô werde ir lop wît unde breit
1015   gemachet ûf der erden.
müge aber er niht werden
genert durch dîner göte list
und heilet in mîn herre Krist,
sô lâ dîn ê versmâhet sîn
1020   und üebe den gelouben mîn,
der alse ein rehter orden
bewæret denne ist worden.'
    Maximiân der keiser,
âmehtic unde heiser
1025   an kristenlicher sælekeit,
liez im niht sîn die rede leit,
wan im diu wort gevielen wol.
er sprach: 'jâ wil ich unde sol
hie volgen dîme râte.'
1030   sus hiez er vür in drâte
dô bringen einen menschen lam.

1003 sîne *Hau* : sin *V.*   1018 heilet *Hau* : heile *V.*
1004 d. zuo sô *Hau* :   1025 cristenlicher *Hau* :
      d. so *V.*   cristenliche *V.*
1017 genert *Hau* : generet *V.*   1030 für in *Hau* : bringen *V.*

der wart getragen unde kam
ze hove in sînem bette swach.
dâ von der übel heiden sprach
1035 dem wîsen jungelinge zuo:
'den göten kunt dise êre tuo
daz wir von êrst ir kraft gesehen.
und sô daz denne sî geschehen
daz ir gewalt versuochet ist,
1040 sô lâz erkennen waz dîn Krist
mit helferîchen henden
hie wunders müge verenden
an dem vil siechen manne.
swer in geheile danne,
1045 der sî geprîset iemer mê.'
Pantaleôn sprach: 'diz ergê
nâch dînes herzen muote gar.'
sus hiez dô sîne priester dar
der keiser îlen zuo dem lamen.
1050 er sprach daz si der göte namen
sêre unde lûte riefen an,
durch daz si dem vil siechen man
benæmen dâ sîn ungemach.
diz wart getân und diz geschach.
1055 si wurden alle bî der zît
gar inneclichen an geschrît;
daz wênic half den betterisen.
der eine den, der ander disen
begunde tiure dô beswern
1060 daz si den siechen man genern

1034 dâ *Ger* : do *V.*
1038 denne *Hau* : dine *V.*
      sî *Hau* : ist *V.*
1044 danne *Hau* : denne *V.*
1054 diz geschach *Hau* : diz
      (über d. Zeile) sprach *V.*

1056 geschrît *Hau* : gestrit *V.*
1059 begunde *Hau* : begunden *V.*
1059f. beswern/genern *Hau* :
      besweren/generen *V.*

geruochten ûf dem palas.
her Galliên und Ypocras
vil maniger hande bete liten.
ouch hôrte man genuoge biten
1065   Asclêpium der helfe sîn.
dô wart ein lût gebrehte schîn
von maniger stimme schalle.
swaz si geriefen alle,
daz was ein uppeclich geschrei.
1070   den lamen half niht umbe ein ei
swaz bete umb in aldâ geschach.
und dô Maximiân ersach
daz von den göten bî der stunt
niht wart der sieche man gesunt,
1075   dô wart Pantaleôn zehant
von im geheizen und gemant
daz er dâ bæte Jêsum Krist
daz er geruochte sînen list
an dem vil siechebæren
1080   erzeigen und bewæren.
    Pantaleôn der guote lie
dô nider sich ûf sîniu knie
diemüeteclichen alzehant.
der süeze Krist von im gemant
1085   wart inneclichen bî der stunt.
sîn kiuscher und sîn rôter munt
alsus begunde sprechen zim:

1061 geruochten *Hau* :
     geruochen *V.*
1065 helfe *Gereke* 1913, 526 :
     bete *V.*
1069 was ein *Hau* : waz *V.*
1074 s. man g. *Hau* : s.-g. *V.*
1078 geruochte *Hau* : geruoche
     V.

1079 siechebæren *Hau* :
     siechenberen *V,*
     siuchebæren *Ger.*
1083 diemüeteclichen *Hau* :
     diemueteclich *V.*
1087 alsus begunde *Hau* :
     begunde alsus *V.*
     zim *Hau* : ze ime *V.*

'got herre, mîn gebet vernim
unde erhœre mîniu wort.
1090 ûf dîne hôhen himel dort
lâ mîne stimme komen ze dir.
dîn bilde kêre niht von mir
und neige mir daz ôre dîn,
swenne ich dir klage die swære mîn
1095 und mich grôz angest twinge.
dar umbe daz erklinge
lop unde prîs dem dînen namen,
sô tuo gesunt hie disen lamen
und lâ bewæren dîn gebot
1100 daz âne dich kein ander got
ze himel noch ûf erden ist.
erzeige an im, vil süezer Krist,
die manicvalte sterke dîn.'
hie mit er bôt die hende sîn
1105 dem betterisen unde sprach:
'stant ûf âne allez ungemach
in Kristes namen unde ganc
alsô daz dîniu lider kranc
von sîner helfe sîn gesunt.'
1110 ûf mahte sich dô bî der stunt
der sieche âne allen smerzen.
an liden unde an herzen
was er gerech dâ worden;
dâ von der kristen orden
1115 vil sêre wart gemêret.
vil heiden wart bekêret,
die sich geswinde touften
und mit ir marter kouften

1088 vernim *Hau* : vernime *V.*   1109 sîn *Hau* : si *V.*
1097 dem dînen *Hau* : dime *V.*   1110 s.dô.b. *Hau* : s.b. *V.*
1098 disen *Hau* : dinen *V.*

38

den êweclichen gotes lôn.
1120 sus hete dâ Pantaleôn
gewunnen manige sêle gote,
die der keiser mit gebote
lie von dem lîbe scheiden.
die touben argen heiden
1125 Pantaleône wurden gram.
nâch sîme schaden vreisam
wolte ir gemüete sich dô senen,
wan si begunden mit den zenen
ûf in grisgramen alzehant.
1130 der keiser wart von in gemant
ûf sînes lîbes ungewin.
die meister sprâchen wider in:
'lâstû den zouberære
belîben âne swære,
1135 sô muoz verdorben iemer sîn
daz opfer al der göte dîn,
wan er si wirde roubet.
daz volc an in geloubet
und lît an im ir zuoversiht.
1140 dû selb an in geloube niht,
wan er mit valschen sachen
daz wunder kunde machen
daz er ze helfe an dirre stete
dem ungesunden manne tete.'
1145   Der keiser wânde ez wære wâr
des im die meister offenbâr
verjâhen von dem guoten.

1128 begunden *Hau* : begunde
V.
1129 ûf in g. *Hau* : uf g. V.
1133 den *Hau* : disen V.

1136 al *Hau* : aller V.
1137 wirde *Hau* : wider V.
1141 sachen *Hau* : schachen V.
1143 ze helfe : zelfe V.

<pre>
                dem tugentrîchgemuoten
                Pantaleône sprach er zuo:
1150   'vriunt lieber, mînen willen tuo
                durch dîne lobelichen tugent.
                erlœse dîne klâren jugent
                von angestbæren dingen.
                geruoche ein opfer bringen
1155   den göten algelîche,
                durch daz dû werdest rîche
                gemachet von den henden mîn.
                gedenke wie des tôdes pîn
                vil maniger hât erliten hie
1160   der abe den göten lobes gie
                noch in niht wolte dienen mêr.'
                dem keiser übel unde hêr
                Pantaleôn antwürte bôt.
                er sprach: 'swer hie gelegen tôt
1165   von dîner göte schulden ist,
                den machet dort mîn herre Krist
                mit sîner helfe lebende,
                wan er wirt im dâ gebende
                vröude unde wünneclich gemach.'
1170   der keiser dô mit zorne sprach:
                'swîc unde nenne Kristes niht.
                lâz unde mît die zuoversiht
                die dû ze sîner helfe treist.
                dû merkest doch wol unde weist
1175   waz durch in in kurzen tagen
                nœte unde pînes hât getragen
                Anthimiân der alte,
</pre>

1148 dem tugentrîchg. : die   1154 geruoche ein o. *Ger* :
     mutegen rich g. *V*, dem   geruoche din o. *V*,
     jungen rîchg. *Hau.*   dîn o. ruoche *Hau.*
                                    1175 in k. *V* : in vil k.
                                         Laudan 1906, 346.

dem dû mit dîme gewalte
sîn ougen mahtest lûter.'
1180 der gotes kempfe trûter,
Pantaleôn, sprach aber dô:
'mîn herze ist des gedinges vrô
daz ich die marter lîden sol.
ich junger billich unde wol
1185 durch Krist vil nœte dulde,
sît daz ân alle schulde
Anthimiân der alte leit
durch in vil strenger arbeit.'
Nû daz der keiser daz vernam
1190 von dem junkherren wunnesam
daz er durch allez sîn gebot
Krist Jêsum, den erwelten got,
ûz sînem muote niht enliez,
seht, dô gebôt er unde hiez
1195 daz er gehenket würde enbor
und man im hinden unde vor
mit viure tæte unmâzen wê.
sîn lîp reht alse ein niuwer snê
wîz unde blanc geverwet
1200 wart jæmerlîch engerwet
und ûf gehangen alsô blôz.
den schaden bitter unde grôz
vil harte lützel er entsaz.
mit liehte manic glasevaz
1205 sêre unde tobelîch enbrant
gehenket wart umb in zehant
sô daz die vlammen viurîn
ir hitze gâben unde ir schîn
an sîne wünneclichen hût.

1185 d.Crist v. *Hau* : d.v. *V.*   1209 wünneclîchen *Hau* :
1194 g.er u. *Hau* : g.u. *V.*   wunencliche *V.*

1210	Pantaleôn truoc über lût
	die marter mit gedultekeit.
	den pîn er senfteclichen leit,
	wan er im harte kleine war.
	dô man die lampen hete gar
1215	enzündet unde enbrennet,
	dô wart er vrô bekennet
	und âne leides smerzen.
	er sante ûz sîme herzen
	ze gote manigen siufzen tief.
1220	'Krist herre', sprach er unde rief,
	'als dû mir hâst geholfen ê,
	sus lâ mir komen aber mê
	die helfe dîn ze trôste.
	von dirre lampen rôste
1225	geruoch erlœsen mîne jugent.
	durch dîne veterlichen tugent
	mir hilf mit dîner stiure
	von dirre liehte viure,
	daz in den glesern ist enbrant
1230	und mir vil nâhe lît gewant.'
	Nû daz er disiu wort gesprach,
	Krist Jêsum er dô komen sach
	in eines pfaffen bilde alsus
	als ob ez Ermolâus,
1235	der reine priester, solte sîn.
	got, unser aller trehtîn,
	sprach wider in lieplîche dô:
	'vriunt guoter, wis von herzen vrô,
	wan ich in al der nœte dîn
1240	wil mit dir wesen unde sîn
	alsô daz ich erlœse dich

1219 manegen *Hau* : manige *V.* 1234 als *Hau* : also *V.*
1228 liehte *Hau* : liehten *V.* 1239 al *Hau* : aller *V.*

von strenger swære grimmelich
und ich dîn angest büeze.'
nâch disen worten süeze
1245   die lampen und diu glasevaz
erlâschen alliu, wizzent daz;
ir glenzen unde ir schîn verdarp.
got selbe schuof daz unde erwarp
mit sîner götlichen kunst
1250   daz der vil heizen liehte brunst
Pantaleône dô niht war.
die knehte die bekomen dar
durch sîne marter wâren
und sîn dâ wolten vâren
1255   mit strenger nœte vreissam,
die wurden bî der zîte lam
gemachet an ir hende liden.
seht, alsô kunde dô bevriden
got, unser herre, sînen kneht.
1260   durch sîner hôhen tugende reht
liez er im arges niht geschehen.
und dô der keiser hete ersehen
daz im niht war der hitze nôt,
weiz got dô hiez er und gebôt
1265   daz man enbünde sîniu lider
und er gelâzen würde nider
zer erden bî der stunde.
ûz einem valschen munde
sprach er mit zorne wider in:
1270   'sag an, wie bistû komen hin

1244 süeze *Hau* : sueszen *V.*

1246 erlâschen *Hau* :
    erlaschent *V.*

1247 glenzen *Hau* : glentz *V.*

1248 selbe *Ger* : selber *V.*

1249 götlichen *Ger* (goteli-
    chen *Hau)* : gotlicher *V.*

1252 bekomen *Hau* : bekamen
    V.

1258 seht *Hau* : seh *V.*

43

der marter angestbære?
waz mohte vor der swære
dîn leben hie gevristen?
mit welher hande listen
1275 hâstû die knehte mîn erlemet
und daz wilde viur gezemet,
daz dir sîn hitze niht enwar
noch dir deheinen schaden bar?'
   Pantaleôn antwürte bôt
1280 der rede. er sprach: 'ze dirre nôt
half mich deheiner slahte list,
wan der getriuwe süeze Krist
der hât mich aleine erlôst.
er ist der arzenîe trôst
1285 der ich ze mîner swære pflige,
und hilfet mir daz ich gesige
an dîme zorne vreissam.
er mahte dîne knehte lam
an henden unde an armen.
1290 die heizen und die warmen
lampen er erleschet hât.
sîn helfe dringet unde gât
vür aller künste lêre.'
   von disen worten sêre
1295 Maximiân beswæret wart.
 .   durch sîne grimmelichen art
begunde er zornic schînen
und wolte vaster pînen
den jungelinc an sînen liden.
1300 ûz îsen einen zuber smiden
der ungetoufte keiser hiez.

1271 angestbære *Hau* : unde   1283 mich a. *V* : a. mich
      angest bere *V.*   *Laudan* 1906, 543.
1274 welher *Hau* : welicher *V.*   1291 l. er erl. *Hau* : l. erl. *V.*

ein wunder blîes man zerliez
mit viure drin, als er gebôt.
und dô daz blî wiel unde sôt,
1305 dô wart Pantaleôn dar în
durch marterlicher nœte pîn
gesetzet nacket unde bar.
sîn hût alsam ein snê gevar
wart von dem heizen blîe naz,
1310 dar inne er âne vorhte saz
und engestlicher nœte vrî.
daz wallende und daz heize blî
dûhte in süez alse ein honicmete.
mit vlîze sant er sîn gebete
1315 ûf zuo der himel kœren.
er sprach: 'geruoch erhœren,
got herre, mîne stimme.
ûz aller vorhte grimme
des leiden widersachen
1320 soltû mich ledic machen
unde entbint die sêle mîn
von im durch al die güete dîn.'
Der reine marterære
nû daz er âne swære
1325 ze gote dise rede getete,
dô dûhte in aber an der stete
daz Ermolâus kæme dâ.
Jêsus begegente im iesâ
vrœlîch in sînem bilde.
1330 des wart im trûren wilde,
wan Krist, der guote, selbe trat
ze dem junkherren in daz bat,

1304 wiel *Hau* : wel *V.*   1308 gevar *Hau* : gebar *V.*
1307 unde bar *Hau* : un̄ b̥l̥o̥z̥   1315 der : dez *V,* den *Hau.*
      bar *V.*   1322 al *Hau* : alle *V.*

45

daz von dem heizen blîe sôt.
sîn hant er im ze helfe bôt:
1335 von der enpfienc er stiure.
daz blî daz von dem viure
wiel unde tobelîche bran,
daz wart erleschet und gewan
Pantaleôn sîn vrî gemach,
1340 daz im dô leides niht geschach
von sîner hitze manicvalt.
er wart erküelet unde kalt
alsam ein süezer meien tou.
dâ von den klâren niht gerou
1345 sîn dienest den er Kriste bar.
swer dirre zeichen wart gewar
diu got durch sînen willen tete,
den nam des wunder an der stete
daz er die marter überwant.
1350 der keiser aber dô zehant
von zorne tobic wart gesehen.
er sprach: 'wie mohte ez ie geschehen
daz er alsus genesen ist?
weiz ieman welher hande list
1355 in lôste von der nœte?
wâ mite ich in ertœte,
daz râten al die mîne
und vinden im die pîne
die von dem lîbe in scheiden.'
1360 seht, alsô bat der heiden
dô râtes sîne hovediet,
diu des junkherren schaden riet
und sînes lîbes ungemach.

1345 dienest *Hau* : dienst *V.*
1352 mohte ez *Hau* : möht
      diz *V.*

1356 ich in e. *Hau* : ich e. *V.*
1357 râten *Ger* : ratent *V.*
1362 schaden *Hau* : schade *V.*

sîn rât der lêrte in unde sprach,
1365 er solte in sunder alle wer
versenken heizen in daz mer;
sô möhte er wol verderben
und müeste drinne sterben
vil schiere âne allen widerstrît.
1370 sus vuorte man in bî der zît
gebunden an des meres stat.
der keiser im dô henken bat
an sîne kelen einen stein
der michel unde grôz erschein.
1375 Mit dem sô wart er in den sê
geworfen, daz im doch niht wê
ze herzen noch ze lîbe tete,
wan im begegente an der stete
Krist Jêsus aber sâ zehant.
1380 der het ein bilde und ein gewant
alse Ermolâus an im truoc.
er was gelîch dem priester gnuoc
an antlitz unde an kleide.
von sorgen und von leide
1385 lôst er zehant den jungelinc.
an im ein wunderlichez dinc
von sîner helfe dô geschach.
der stein im abe der kelen brach:
von dem wart er enbunden.
1390 in vuorte bî den stunden
got, unser herre, zuo dem stade,
sô daz im keiner slahte schade
von dem wilden sê geschach.
dâ von lobt er in unde sprach

1364 sin rat *V*: ir rât *Gereke*
1913, 526f.
r. der l. *Hau*: r. l. *V*.
1372 im *Hau*: in *V*.

1383 antlitze *Hau*: antlit *V*.
1391 zuo dem(e) *V*: zuome
Lachmann 1848, 580,
zeme *Hau*.

47

1395 mit vröuden sunder smerzen:
     'in allem mînem herzen
     sol ich dir bîhten, herre got.
     ich prîse dîn vil starc gebot
     und wil in mîner jâre tagen
1400 dîn wunder künden unde sagen.'
         Der keiser zornic wart erkant.
     'Pantaleôn', sprach er zehant,
     'hât aber dir dîn zouberlist
     geholfen daz dû komen bist
1405 gesunt ûz disem wâge?'
     der jungelinc der vrâge
     bôt im antwürte sunder wân.
     er sprach: 'daz mer daz hât getân
     daz im gebôt sîn herre nû.'
1410 'ja', sprach der heiden, 'so maht dû
     des wâges ouch gewaltic sîn,
     sît daz er dem gebote dîn
     gar undertænic worden ist?'
     'nein', sprach er, 'der getriuwe Krist,
1415 dem ich dâ diene sunder wer,
     der kan gebieten ouch dem mer
     und disem wâge wilde.
     sîn götlichez bilde
     mac aller dinge hân gewalt.'
1420 der keiser aber dô gestalt
     wart von der rede in tobeheit.
     sîn grimmez herze wart geleit
     in argen willen schiere.
     vil engestlicher tiere
1425 bereiten hiez er unde bat

1399 jâre *Hau* : iaren *V*.   1418 götliches *V* : götelichez
1416 g.o. dem *Hau* : o.g. dem   *Hau*.
     V, o.g. deme *Wolff* 1887,
     241.

48

den herren bringen zuo der stat
dâ si gesament wâren.
si solten sîn dâ vâren
und in der strengen nœte gewern.
1430 lêbarte, löuwen, trachen, bern
und maniger hande würme
lie man durch grimme stürme
zuo dem ûz erwelten,
dar umbe daz si quelten
1435 vil marterlîche sînen lîp.
des kâmen dar man unde wîp
gemeinlîch unde wolten sehen
daz jâmer daz an im geschehen
dâ solte von den tieren arc.
1440 dô wart ein samenunge starc
unde ein grôz gedrenge.
diu tier grimme unde strenge
dô wurden an den jungelinc
gelâzen al in einen rinc,
1445 der in dâ was bereitet.
doch wart von in geleitet
Pantaleôn dô wol gesunt,
wan in got lôste bî der stunt
von sorgen und von pîne.
1450 der kam dar in dem schîne
des priesters schiere gegangen,
von dem er hete enpfangen
den touf der kristenlichen ê.

1429 strengen *Hau* : strenger *V.*
1430 *(ebenso* 1460*)* lêbarte
Hau : lethbarte *V.*
1432 lie *Hau* : die *V.*
1433 zuo demme v̇rerwelten *V* :
ze dem vil ûz erwelten
Ger, vgl. Laudan 1906,
543.

1437 gemeinlîch *Hau* .
gemeinlichen *V.*
1444 al *Hau* : alle *V.*
1451 schiere *Hau* : schin *V.*
1453 kristenlichen *Hau* :
cristenlicher *V.*

reht alse im was geholfen mê,
1455 sus wart er aber dô genert.
den grimmen tieren wart beschert
von gote ein alsô milter sin
daz si vür in dô giengen hin
güetlîche âne allez tröuwen.
1460 lêbarten unde löuwen
niht stuonden im ze vâre.
man sach si mit gebâre
den jungelinc dô grüezen.
an henden unde an vüezen
1465 begunden si dô lecken
den herren âne vlecken
und aller missewende blôz.
sich huop ein vehten harte grôz
unde ein vîentlicher strît
1470 von al den tieren bî der zît.
Si kriegten welhez under in
von êrst dô solte kêren hin
ze dem junkherren ûz genomen.
kein tier von im dô wolte komen
1475 ê daz der reine gotes degen
gæbe im sînen süezen segen
und ez von dannan hieze gân.
diz vremde wunder wart getân
durch den vil tugentbæren.
1480 daz liez sich dô beswæren
der keiser unde müejen.
Pantaleôn dô blüejen
begunde in hôher werdekeit,

1455 genert *Hau* : generet *V.*
1456 beschert *Hau* : bescheret *V.*
1470 al *Hau* : allen *V.*
1471 kriegten *Hau* : kriegeten *V.*

1474 v. ime dô w. *Hau* : w.v. ime da *V.*
1477 dannan *V* : dannen *Hau.*
1479 tugentbæren *Ger* : tugende beren *V so immer.*
1481 der *Hau* : den *V.*

50

durliuhtic prîs wart im geseit
1485   mit lobelichem schalle.
die liute meistic alle
riefen sunder allen spot:
'grôz ist der kristenheite got,
der diz unbilde hât getân.
1490   man sol gesunt von hinnan lân
Pantaleônen, sînen kneht:
daz ist billich unde reht.'
    Der keiser alse ein tobic hunt
begunde wüeten an der stunt
1495   durch daz geschrei daz dô geschach.
swaz liute dô rief unde sprach,
man solte lân den jungelinc,
den wurden marterlîchiu dinc
durch sîn gebot erzeiget.
1500   gevellet und geveiget
vil schiere wurden tûsent man.
den hiez der keiser legen an
gar einen bitterlichen tôt.
seht, alsô wart ir bluotes rôt
1505   vergozzen dô vil manic trahen.
Maximiân der hiez erslahen
diu wilden tier durch sînen zorn,
diu den junkherren wol geborn
niht wolten vrezzen bî der vrist.
1510   Pantaleôn der lobte Krist
der manicvalten helfe sîn.
er sprach: 'vil süezer trehtîn,
prîs unde lop sî dir geseit
der gnâden und der sælekeit,

1484 wart *Hau* : war *V.*   1491 Pantaleônen *Hau* :
1490 hinnan *V* : hinnen *Hau.*   Panthaleon *V.*
      lân *Hau* : gan *V.*   1514 gnâden *Hau* : gnade *V.*

1515 daz dû geruochtest, herre got,
   daz maniger hie durch dîn gebot
   ein marterlichez ende lite.
   dû woltest niht gnuoc hân dâ mite
   daz liute durch den willen dîn
1520 hie trüegen strenger nœte pîn,
   dû enliezest ouch diu tier durch dich
   hie lîden marter engestlich.'
    Pantaleôn die rede treip.
   dâ von der keiser dô beleip
1525 vil zornic unde sprach alsô
   mit einem argen munde dô
   ze sînem ingesinde:
   'waz tuon ich disem kinde,
   daz hie mit zouber wundert
1530 und von den göten sundert
   alt unde junc, man unde wîp?
   hie wirt verkêret manic lîp,
   ob ich im niht daz leben nime.'
   der rede antwürte gâben ime
1535 die besten alle von der stat.
   si sprâchen: 'herre, lâz ein rat
   und eine schîben machen
   von kunstbæren sachen
   und heiz in dar în binden;
1540 sô muoz er sînen linden
   und sînen weichen lîp verzern.
   wiltû des lebens in verhern
   und gar zevüeren sîniu lider,

1515 geruochtest *Hau* :   1533 n.d.l. *Hau* : d.l.n. *V.*
   geruochest *V.*   1538 kunstberen *V* :
1521 enliezest *Hau* : enheszet *V.*   künstebæren *Hau.*
1526 munde *V*: muote *Ger.*   1542 lebens *Ger* (lebenes
1531 a. unde j. *Hau* : a.i. *V.*   *Hau)*: lebnden *V.*
1532 wirt *Hau* : wurt *V.*

sô werde ab einem berge nider
1545 gelâzen beide schîbe und er.
dâ von sîn verch hin unde her
beginnet sich engenzen.
jâ muoz sich dô verschrenzen
sîn vleisch und sîn gebeine.
1550 die stocke und ouch die steine
zervüerent im hût unde vel,
wan swen diu schîbe sinewel
beginnet walzen hin ze tal,
sô wird zerteilet über al
1555 sîn lîp in kleiniu stückelîn.
daz schulderîche leben sîn
muoz er zehant verliesen.
sol er sîn ende kiesen,
daz mac geschehen, herre, alsô.'
1560 der rât Maximiânen dô
vil ûzer mâzen wol geviel,
wan sîn gemüete in zorne wiel
ûf den erwelten gotes kneht.
der keiser durch sîn unreht
1565 den jungelinc gehalten bat
biz im gesmidet würde ein rat
ûz îsene unde ein schîbe,
dâ mit er sîme lîbe
dô mêren wolte leides klage.
1570 er wart beslozzen drîzic tage
in eime tiefen kerker,
durch daz sîn angest sterker

1544 einem *Hau* : einen *V.*
1545 schîbe *Hau* : schiben *V.*
1546 verch *Hau* : werck *V.*
1550 stocke *Hau* : stöcke *V.*
1551 ime h. *Hau* : ime ouch
h. *V.*

1552 swen *V* : swie *Hau.*
1560 maximianen *V* :
Maximiâne *Hau.*
1567 ein schîbe *Hau* : eine
schiben *V.*
1568 lîbe *Hau* : liben *V.*

dâ würde und al sîn arbeit.
ouch was diu schîbe dô bereit
1575 dâ man zervüeren wolte mite
sîn verch wol reine und wol gesite.
   Si wart erziuget schône
mit rîcher koste lône,
als ez gebôt Maximiân.
1580 Pantaleôn der muoste gân
des endes dâ diu schîbe was.
ze gote er sîn gebete las
und bat in der genâden sîn.
er sprach: 'vil lieber trehtîn,
1585 dû neige mir dîn ôre
von dîme himelkôre
und stiure mînen ungewin.
sît ich arm unde dürftic bin,
sô werde mir dîn trost gesant.
1590 dû lâ mir dîne zeswen hant
stiure unde helfe reichen.
beganc an mir ein zeichen
durch die götlichen güete dîn,
sô daz die widersachen mîn
1595 und die mich hazzent müezen sehen
daz mir diu gnâde sî geschehen
daz mich dîn helferîcher trôst
ûz mînen sorgen habe erlôst.'
   Nû der junkherre diz gebete
1600 gesprochen vlîzeclichen hete,
dô wart er bî den stunden

1576 verch *Hau* : werch *V.*
      wol reine un̄ wol *V* :
      rein unde wol *Ger.*
1583 genâden *Hau, Schröder*
      1927, 118 : gnaden *V.*

1588 s. i. a. un *V* : s. daz i. a. und
      Ger.
1595 müezen *Hau* : mueszent *V.*
1596 m. diu g. *Hau* : m. g. *V.*
1598 mînen *Hau* : mine *V.*
1601 wart *Ger* : was *V.*

vil schiere dâ gebunden
mit starken riemen ûf daz rat.
sîn reiner lîp wîz unde glat
1605 genzlichen wart enblecket
und alsô blôz gestrecket
ûf die vertânen schîben,
die man begunde trîben
zehant ûf einen hôhen berc,
1610 durch daz man griuwelîchiu werc
begienge an dem vil reinen.
an stocken unde an steinen
zerbrechen wolte man den helt,
den got ze kempfen het erwelt
1615 und im geruochte bî gestân.
diu schîbe diu wart an gelân
dar umbe daz si liefe nider
und im zervuorte sîniu lider
mit scharpfer und mit strenger nôt.
1620 man wolte im einen grimmen tôt
dô stiften unde briuwen.
dô lôste in ûz den riuwen
sîn herre, der vil süeze Krist,
der im begegente an der vrist
1625 und in generte sâ zehant.
die stricke brâchen und diu bant
dâ mite er was gebunden,
und wart er âne wunden
des lîbes und des herzen
1630 erlœset von dem smerzen

1606 gestrecket *Hau* :
geschrecket *V.*
1610 griuwelîchiu *Hau* :
gruliche *V,* griulîchiu
Laudan 1906, 534.
1612 stocken *Hau* : stöcken *V.*

1614 hæte *Hau* : hat *V.*
1616 sch.diu w. *Hau* :
sch.w. *V.*
1620 m.wolte i. *Hau* : m.i. *V.*
1626 stricke *Hau* : stöcke *V.*

der marterlichen quâle.
diu schîbe zuo dem mâle
schuof dô vil ungewinnes,
wan si lief widersinnes
1635 an die verworhten heiden,
der si begunde scheiden
ein wunder von dem lebetagen.
vünf hundert man ze tôde erslagen
dô wurden von ir loufe snel.
1640 Pantaleôn lid unde vel
ganz unde wol gesunt behielt.
dâ von der keiser zornes wielt,
den im sîn arkheit worhte.
vil engestlicher vorhte
1645 die burger liten von der stat,
dô man daz griuwelîche rat
die grimmen slahte briuwen sach
diu gnuogen dâ von im geschach.
      Nû diz unbilde waz geschehen
1650 und dô der keiser het ersehen
daz in dâ half niht an der stete
daz er Pantaleône tete,
dô sprach der heiden wider in:
'sag an, wer hât der künste sin
1655 und disen list gelêret dich
daz dir kein marter engestlich
enwirret noch kein argez dinc?'
'mich lêrte', sprach der jungelinc,
'der priester Ermolâus.
1660 er hât mich underwîset sus
und ist der meister mîn gewesen.
swaz ich ze herzen hân gelesen

1654 sin *Gereke* 1913, 528 :   1657 enwirret *Hau* : ein
din *V.*   wirret *V.*

1660 er hât m. *Hau* : er m. *V.*

witze unde guoter künste,
daz ist von sîner günste
1665 mir widervarn und wol geschehen.'
'nû sprich, möht ich in hie gesehen?'
sprach aber dô Maximiân.
'ich wolte ouch sîne lêre hân
und sîner meisterschefte gunst,
1670 durch daz ich etelîche kunst
von im gelernen möhte
diu mîner sêle töhte
und mir zen êren wære
nütze unde helfebære.'
1675 Die rede treip durch âkust
der keiser, wand in sîner brust
versigelt lac valsch unde mein.
den priester, der geliutert schein
vor wandelbæren sinnen,
1680 wolt er alsus gewinnen
und vür sich bringen alzehant.
den valsch den het an im erkant
Pantaleôn vil schiere dô.
dô sprach er wider in alsô:
1685 'gebiutest dûz, ich bringe dir
mit willecliches herzen gir
den meister und den herren mîn,
der mit der hôhen lêre sîn
dir mac gehelfen und gevromen.'
1690 'jâ', sprach der keiser, 'heiz in komen
und lâz in werden her besant.'
sus gienc Pantaleôn zehant

1665 widervarn und wol   1674 helfebære *Hau* : helfbere *V.*
    Schröder 1906, 548 :   1682 hæte *Hau* : hat *V.*
    widervarn un *V,*   1689 gehelfen *Hau* : helfen *V.*
    widervaren unde *Hau.*   1691 her *Hau* : har *V.*

enwec schier unde snelle
und île zuo der zelle
1695 dâ der priester inne was
und alle zît sanc unde las
ze prîse dem erwelten gote.
doch gie Maximiânes bote
mit Pantaleône dar,
1700 durch daz er sîn dâ næme war
und er in hæte in sîner pfliht,
daz er entrinnen möhte niht.
    Nû daz er in die zelle kam
vür sînen meister lobesam,
1705 dô wart er sîner künfte vrô.
'diu zît ist komen', sprach der dô,
'daz man mich krœnen sol mit dir.
ein stimme kam hînaht ze mir,
diu seite, ich solte strîten
1710 den kampf in kurzen zîten
den Pantaleôn ouch strite.
hie weiz ich unde erkenne mite
daz ich die marter lîden sol.'
sus giengen si dô vröuden vol
1715 hin zuo dem keiser alzehant.
und dô er hete alrêrst bekant.
daz vür in kam der priester hin,
dô sprach der keiser wider in:
'vriunt, sage mir ze diute,
1720 wie nennent dich die liute?'
    Des gap er im antwürte alsus.
'herr, ich heize Ermolâus',

1693 schier *Hau* : sicher *V.*
1694 île *Hau* : ilete *V.*
1700 s.dâ n. *Laudan* 1906,
     543 : s.n. *V.*

1717 daz *Hau* : do *V.*
1720 nennent *Hau* : nement *V.*

sprach er gezogenlîche dô.
'von êrst wart ich genant alsô
1725 von mînen vriunden lobesam.
noch zieret mich ein bezzer nam
mit sîner tugende listen:
ich bin genant ein kristen
und wil ouch iemer einer sîn.'
1730 'nû tuo mir hie mit worten schîn',
sprach aber dô Maximiân,
'siht man dich iender bî dir hân
iht bruoder und gesellen,
die gerne ervüllen wellen
1735 al dîne lêre und dîniu wort?'
'jâ', sprach er, 'ich hân zwêne dort
die mîne bruoder sint in gote.
si lebent wol nâch mîme gebote
und habent mir gevolget ie.'
1740 der keiser sprach: 'wie heizent die?
daz lâ mich wizzen unde enstân.'
der kiusche reine kapellân
bôt im balde antwürte des.
'Hermippus und Hermocrates
1745 si zwêne sint genant', sprach er.
'nû lâ si beide komen her',
sprach dô der keiser wider in.
sus wart nâch in gesendet hin,
dâ man si bî der zîte vant.
1750 ze hove kâmen si zehant
mit einander dô gezoget,
dâ sie der heidenische voget

1724 erst wart ich *V*: êrste   1732 s. man d. iender *Laudan*
ich wart *Hau*.   1906, 543 : s. man man
genant *Hau* : genemet *V*. d. ien *V*.
                                    1752 heidenische *Hau* :
                                    heidensche *V*.

mit worten und mit rede enpfie.
er sprach: 'ir herren, ir sît die
1755 der rât Pantaleônen
den werden und den vrônen
göten hât alsô genomen
daz er ist von ir opfer komen
und er niht heizen wil ir kneht.'
1760 'herre, ez ist billich unde reht',
sprâchen si dô beide,
'daz er sich von in scheide
und daz er Kriste diensthaft
sî mit aller sîner kraft.'
1765   'Ir herren, redent niht alsô',
sprach der gebieter aber dô
schôn unde minnecliche zein.
'sît rîlich kunst und edel sin
iuch zierent beide und êrent,
1770 sô râtent unde lêrent
daz iuwer vriunt Pantaleôn
den göten heilic unde vrôn
mit sîme dienste bî gestê.
swie daz geschiht daz unser ê
1775 der jungelinc wil halten,
ich lâze iuch beide walten
rîliches guotes âne zal.
ir müezent sîn ûf mînem sal
liep unde wert spâte unde vruo.
1780 dâ von sô vlîzent iuch dar zuo
daz er durch iuwer lêre
zen göten wider kêre

1757 hât *Hau* : hant *V.*   1765 Ir *Hau* : r *V.*
1763 diensthaft *V* : dienesthaft   1778 mînem *(*mîme *Hau)* :
      Hau, Schröder 1927, 118.   minen *V.*
1764 sî *Hau* : Sst *(später
      korr. zu* Ist*) V.*

60

und gebe in sînen prîsant.'
'nein herre', sprâchen si zehant,
1785 Hermippus und Hermocrates,
'wir ensulen in niht heizen des
daz sîme heile unrehte kome.
der rât wær im ze nihte vrome
daz wir in hiezen bringen
1790 als uppeclichen dingen
sîn opfer und die gâbe sîn.
got, unser aller trehtîn,
der himel schuof und erden,
der sol geprîset werden
1795 von im in allen enden.
mit herzen und mit henden
sol er sîn opfer bringen ďeme,
als ez dem namen sîn gezeme.'
    Hie mite was diu rede hin.
1800 die vier gesellen under in
von gotes geiste wielen.
an ir gebet si vielen,
des si mit vlîze pflâgen.
diu stat an der si lâgen,
1805 erbibente unde erwagete,
daz übel dô behagete
dem keiser an der stunde.
mit eime valschen munde
begunde er sprechen aber dar:
1810 'die göte sint erzürnet gar.
dâ von diz wunder hie geschiht
daz man daz ertrîche siht
erschüten sich durch die getât
daz man ir muot betrüebet hât

1783 gebe in *Hau* : geben *V.*   1802 gebet *V* : gebete *Hau.*
1798 ez *Hau* : er *V.*   1812 ertrîche *Hau* : erteriche *V.*

1815 mit sünden und mit meine.'
Pantaleôn der reine
gap im der rede antwürte dô.
wîslîche sprach er ze im alsô:
'Maximiân, dû sagest wâr.
1820 die göte die sint offenbâr
erzürnet und betrüebet,
wan ez ist an in güebet
diu lasterlîche smâcheit
daz si gevallen und geleit
1825 sint zuo dem ertrîche nider.
ir touben unde ir lamen lider,
an aller sælekeite blint,
zerstücket und zerbrochen sint
und ligent ûf der erde
1830 in schamelichem werde.'
Der keiser dô niht wolte
gelouben daz er solte
gesmæhet an den göten sîn.
er sprach: 'geswîc der kleffe dîn,
1835 vil sinnelôser jungelinc,
dû redest uppeclîchiu dinc.
dû gouch, war umbe tuostû daz?'
nû daz er in der rede saz
mit dem junkherren wol getân,
1840 dô kam zehant vür in gegân
ein bote, der seite im iesâ
daz sîne göte wæren dâ
zervallen und zervlecket.
des wart sîn muot erschrecket
1845 mit zorne bî der stunde.
von grimmes herzen grunde

1819 sagest *Hau* : seist *V.*   1830 schamelichem *Hau* :
1825 ertrîche *Hau* : erteriche *V.*   schamelichen *V.*

sprach der vil arge heiden:
'ich sol benamen scheiden
die zouberære ûz dirre stat
1850 die mîne göte an êren mat
und an ir wirde tuont alsô.'
mit disen worten hiez er dô
den kerker ûf entsliezen
und darîn balde schiezen
1855 den helt Pantaleônen,
der nâch der himel krônen
vaht verwegenlîche alsus.
der priester Hermolâus
und die zwêne bruoder sîn
1860 die muosten angestbæren pîn
dâ lîden vil gemeine.
ir vleisch und ir gebeine
Maximiân hiez villen.
in wart durch gotes willen
1865 vil manic marter an geleit.
ze jungest sluoc man unde sneit
in allen drîn ir houbet abe.
heinlîche wurden si ze grabe
gevüeret von den kristen.
1870 die stâlen si mit listen
und hiezen si bestaten sider.
Pantaleôn wart aber wider
gevüeret vür den keiser hin.
der sprach mit zorne wider in:
1875 'Vil tumber, unde wænestû
daz dû von mîner hende nû
gar âne swære entrinnest?
nein zwâre, dû gewinnest
vil marterlicher ungeschiht,

1868 heinlîche *Hau* : heinlich *V.* 1879 marterlicher *Hau* : materliche *V.*

1880   ob dû den göten bringest niht
      daz opfer und den prîsant dîn.
      dâ vor soltû gewarnet sîn,
      und überhebe dich der nôt.
      vermît den angestbæren tôt
1885   und kêre zuo dem lebetagen.
      wiltû vil sælden hie bejagen,
      sô tuo dich dîns gelouben abe.
      gehüge wie sich bekêret habe
      dîn meister Hermolâus.
1890   gedenke daz Hermippus
      und sîn geselle Ermokrates
      sich wellent vlîzen alles des
      daz mînen göten êre sî.
      joch volgent si mir alle drî
1895   mit willeclicher andâht.
      ich hân si von ir muote brâht
      in mîns gelouben orden.
      vil undertænic worden
      sint mir die selben liute.
1900   si tuont swaz ich gebiute
      mit herzen und mit munde.
      dâ von si ze aller stunde
      enpfâhent hôher wirde lôn.
      dâ sich dû an, Pantaleôn,
1905   und volge den gesellen dîn.
      belîp hie mit in allen drîn
      liep unde wert in mînem sal
      und biut den göten über al
      prîs unde lop, daz ist mîn rât,
1910   wan ez dir an dîn leben gât,
      ob dû dich niht bekêrest

1886 vil : mit *V*, iht *Hau.*   1906 belîp *Hau* : blip *V.*
1897 mîns *Hau* : mines *V.*   1907 minem *V* : mîme *Hau.*

und si mit opfer êrest.'
Mit disen worten unde alsô
der übel keiser wolte dô
1915 den jungelinc betriegen,
wan er begunde im liegen
von den drîn marteræren.
er seite im daz si wæren
vil gar in sînen willen komen:
1920 dô was daz leben in benomen,
als ich dâ vor bescheiden hân.
der lüge begunde sich entstân
Pantaleôn der guote.
ez was im in dem muote
1925 von gotes geiste worden schîn
wie den gesellen allen drîn
von strenger marter wê geschach.
dâ von er zuo dem heiden sprach:
'sît dû mir hâst verjehen des,
1930 Hermippus und Hermokrates
und Hermolâus leben noch,
sô lâ mich si geschouwen doch
vor dîner ougen angesiht.'
'nein', sprach er, 'dû maht ir niht
1935 vor mir gesehen nû zehant.
ich hân ze boten si gesant
ze vremden steten anderswar.
dâ nement si des dinges war
daz in von mir bevolhen ist.'
1940 sâ zehant und an der vrist
der jungelinc antwurte.
den valsch er balde spurte
des im der keiser dô verjach.

1922 begunde sich V: sich   1934 maht V: enmaht Laudan
      begunde Ger.   1906, 543.

dar umbe er wider in dô sprach:
1945   'Bœser hunt, ez ist dîn site
daz valscher munt dir volget mite
und daz dû dicke triugest.
swaz aber dû geliugest,
doch hâstu mir nû wâr geseit.
1950   ez ist ein ganziu wârheit
daz dû ze boten hâst gesant
den meister mîn in vremdiu lant
und sîne gesellen beide.
in spilender ougenweide
1955   siht man die werden alle drî.
diu stat ist missewende vrî
dar în si von dir sint gevarn.
ze himel in der engel scharn
sint si gekrœnet schône
1960   und ist ouch mir ein krône
rîlîch unde wol bereit.
diu sol mir werden ûf geleit,
sô daz ich si beginne tragen
schier unde in kurzeclichen tagen.'
1965   Maximiân, als der vernam
an dem junkherren wunnesam
daz er sich weder sus noch sô
von Jêsu Kristô wolte dô
mit sîme muote scheiden,
1970   do enbôt der übel heiden
den sînen duræhtæren
daz si den tugentbæren

1954 spilender *V* : spilnder *Ger.*
1957 gevarn *Hau* : gevar *aus*
     gevarn *V.*
1958 scharn *Hau* : schar *V.*
1961 rilich *V* : rîlichen *Laudan*
     1906, 543.

1964 sch.unde in *Laudan* 1906,
     543 : sch. in *V.*
1969 sîme *Ger* : sinem *V.*
1970 enbôt *Gereke* 1912, 435f.
     : gebot *V.*

ze velde balde vuorten hin
und im daz houbet under in
1975 mit eime swerte slüegen abe
und ûf des grüenen plânes habe
den lîp ze pulver branten.
die knehte die volanten
daz in gebôt Maximiân.
1980 er wart ze velde ûf einen plân
gevüeret under einen boum,
der einen wünneclichen soum
von loube in sîner zîte bar.
der duræhter gienc einer dar
1985 mit eime scharpfen swerte blôz.
dem marteræære kiusche und grôz
wolt er daz houbet abe slahen
und sînes bluotes manigen trahen
unschuldeclîche rêren.
1990 do enwolte sîn niht sêren
daz edele und daz tiure sahs.
linde unde weich reht als ein wahs
wart daz vil guote harte swert.
den gotes kempfen lobes wert
1995 moht ez dô niht verwunden.
und dô die knehte enpfunden
die sînes tôdes wolten gern,
daz in daz swert dô niht gewern
verlüste mohte bî der zît,
2000 dô vielens ûf dem plâne wît
ze vuoze dem getriuwen.

1986 dem marteraere kiusche
und grôz *Schröder* 1927,
118 : den marter' kiusche
un̄ groz *V*, dem marterer
kiusch unde grôz *Gereke*
1913, 529.

1989 unschuldeclîche *Schröder*
1906, 548 : unschulde-
liche *V*.

	mit herzelichen riuwen
	den reinen bâtens under in
	daz er durch sîner tugende sin
2005	den süezen Krist dô bæte
	daz er in gnâde tæte
	mit veterlicher hulde
	und in vergæbe ir schulde.
	Pantaleôn der guote
2010	mit lûterbærem muote
	die knehte dô gewerte
	des âne wandel gerte
	ir wille bî der stunde.
	mit herzen und mit munde
2015	rief er ze himel unde sprach:
	'got, aller sælden obetach,
	und aller tugende ein überhort,
	geruoch erhœren mîniu wort
	und êre mich des ich hie ger.
2020	dise armen liute dû gewer
	der gnâden und der hulde dîn.
	ir schult lâz in vergeben sîn
	und swaz ir lîp begangen hât.
	verkius ir grôzen missetât
2025	und hilf in dort ûz aller nôt.
	swer ûf der erde mînen tôt
	und mîne marter êre,
	dem hilf daz er bekêre
	von sünden und von meine sich.
2030	vil süezer Krist, erbarme dich

2004 daz *Hau* : do *V.*
2010 lûterbærem *Hau* :
luterberen *V.*
2016 obetach *(vgl. Gereke*
1913, 529) : ober tach *V.*

2017 tugende *Hau* : tugenden
V.
ein] *streicht Gereke* 1913,
529.
2024 verkius *Hau* : furkıuz *V.*

68

über alle die mich ruofen an.
swer mîner swære mich erman
und mîner grôzen pîne,
got herre, dem erschîne

2035 genædic unde milte.
sît daz dich nie bevilte
güete und erbarmeherzekeit,
sô stille im hie die arbeit
an lîbe und an der sêle dort

2040 und gip im stæter vröuden hort.'
    Nû daz er diz gebet getete,
dô wart erhœret an der stete
ein stimme diu von himel sprach:
'Pantaleôn, dîn ungemach

2045 ein ende wil enpfâhen.
dîn sêle diu sol gâhen
ûf zuo der himel kœren.
got der wil dich erhœren
der dinge die dû hâst begert,

2050 wan dû wirst alles des gewert
des in dîn munt gebeten hât.
dîn trôn vil wol gezieret stât;
der engel schar dîn beitet.
ein krône ist dir bereitet,

2055 diu dich âne ende zieren muoz.

2031 u. a. d. *V* : ü. d. *Hau.*
2037 güete] gŭte *oder* gŭte *V.*
     g. unde erbarmeherzekeit
     Hau : g. erbarmeherze-
     keit *V,*
     g. und erbarmherzekeit
     Schröder, s. Laudan
     1906, 543.
2041 gebet *V, Schröder* 1927,
     118 : gebete *Hau.*

2042 an der s. *Hau* : an s. *V.*
2046 dîn s. diu *Hau* : diu s. diu
     V, diu s. dîn *Laudan*
     1906, 535.
2047 der himel kœren *V* :
     den himelkœren *Ger,*
     vgl. Schröder 1906, 548.
2048 g. der w. *Ger* : g. w. *V.*

dû solt den kumberhaften buoz
swære unde sorge machen.
die siechen und die swachen
dîn arzenîe wol ernert.
2060 swer ûf dem wâge in nœten vert,
dem hilfestû ze lande wol.
dîn trôst ûz banden lœsen sol
den armen der gevangen ist.
vertrîben mac dîn hôher list
2065 vil maniger hande sühte pîn.
dû solt ein duræhtære sîn
der tiuvel ze allen stunden:
swer mit in ist gebunden,
den lœset dîn erbarmekeit.
2070 dîn trôst ist allen den bereit,
ez sîn vrouwen oder man,
die dich in nœten ruofent an.'
Diu gotes stimme reine,
dô si die rede gemeine
2075 vil gar nâch sînes herzen kür
bescheidenlîche brâhte vür,
dô sprach Pantaleôn ze jenen
der hant in schaden solte wenen:
'ir herren die vor mir hie stânt,
2080 swaz iu geboten sî, daz lânt
ervüllet an mir werden.'
sus viel er zuo der erden
diemüeteclîche in kriuzestal.
und alse er dô getet den val,
2085 dô gienc ir einer dâ zehant

2067 zallen stunden *Hau* :   2071 sîn *Hau* : si *V.*
     ze alle stunde *V.*
2069 erbarmekeit *Hau* :   2077 ze jenen *Hau* : zeinen *V.*
     erbermekeit *V.*   2080 iu *Hau* : iuch *V.*

die mit im wâren ûz gesant,
und sluoc im abe daz houbet,
alse ez im wart erloubet
dô von dem marteræere.
2090 der reine tugentbæere
ze himel sante sînen geist.
durch hôher wunne volleist
kam er vür gotes ougen.
dâ wart er sunder lougen
2095 enpfangen von der engel schar.
sîn verch alsam ein snê gevar
und alse ein blankiu lilje wart.
dô vlôz nâch heileclicher art
von sîme kiuschen lîbe guot
2100 gar wîziu milch vür rôtez bluot.
    Sich huop dô vremdez wunder.
der boum dâ man im under
het abe sîn houbet dô geslagen,
begunde bringen unde tragen
2105 des selben mâles niuwe vruht.
an im wuohs obez mit genuht
bî der wîle und bî der stunt
dô sîn vil reiner lîp verwunt
mit einem scharpfen swerte wart.
2110 diz grôz unbilde niht verspart
vor den burgæeren mohte sîn:
ez wart in offenlîche schîn,
wan ir kam vil manic schar
gedrungen und geloufen dar,
2115 daz si daz wunder sæhen
und heilekeite jæhen
dem edelen marteræere.
der keiser von dem mære

2098 dô *Hau* : daz *V.*   2111 den *Hau* : dennen *V.*

71

wart vil trûric unde unvrô.
2120 den selben boum den hiez er dô
zerschîten und zerschrôten
und bat dâ mit des tôten
junkherren lîp verbrennen.
die knehte got erkennen
2125 begunden schier und alzehant
die mit im wâren ûz gesant
durch daz si mêrten sînen schaden.
si liezen netzen unde baden
sich in des toufes brunnen.
2130 ir sêle wart gewunnen
gote âne missewende.
seht, alsô nam ein ende
Pantaleôn der reine,
den al diu werlt gemeine
2135 solt êren unde prîsen.
er kan die liute wîsen
von kumberlichen sachen
und mac die nôt geswachen
des wîbes und des mannes.
2140 von Arguel Johannes,
der Winharten tohter kint,
geschuof daz sîniu wunder sint
alsus getihtet schône.
mit sîner miete lône
2145 brâht er si von latîne
ze tiuscher worte schîne,
dar umbe daz die liute
vernæmen dran ze diute
daz er kan trûren stœren.

2121 zerschîten *Hau* :   2146 tiuscher *Hau* : tiuschen *V.*
      zerschitten *V.*   worte *aus* worten *V.*
2144 sîner *Hau* : sine *V.*

72

2150   die diz getihte hœren,
und swer die marter sîn verneme,
die wünschen heiles alle deme
der diz werc gefrumet hât.
und wizzent daz helfe unde rât
2155   der reine marterære tuot
in allen die getriuwen muot
ze herzen tragent wider in:
er stœret leides ungewin.

2153 w. gefrumet *Hau* : w.   *nach v. 2158 Blattverlust. Ex-*
      geschriben uñ gefrúmet *V.*   *plicit und möglicherweise auch*
                                        weitere Schlußverse fehlen. V.

www.ingramcontent.com/pod-product-compliance
Lightning Source LLC
Chambersburg PA
CBHW050129030726
47505CB00007B/2099